Qu'est-ce que l'écologie politique ?

La Grande Transformation du XXIe siècle

DU MÊME AUTEUR

Chez le même éditeur

Le Tribut foncier urbain, 1974.
Le Capital et son espace, 1977. Nouvelle édition : 1983.
Crise et inflation : pourquoi ?, 1979.
Le Monde enchanté. De la valeur à l'envol inflationniste, 1983.
L'Audace ou l'enlisement. Sur les politiques économiques de la gauche, 1984.
Mirages et miracles. Problèmes de l'industrialisation dans le tiers monde, 1985.
Choisir l'audace. Une alternative pour le XXIe siècle, 1989.
Vert espérance. L'avenir de l'écologie politique, 1993.
La Société en sablier. Le partage du travail contre la déchirure sociale, 1996. Nouvelle édition augmentée en poche : 1998.

Aux Éditions Syros

La Crise (avec Denis Clerc et Joël Satre-Buisson), 1983.

Aux Éditions Quai Voltaire

Berlin, Bagdad, Rio. Le XXIe siècle est commencé, 1992.

Aux Presses universitaires de France

Les Régions qui gagnent. Districts et réseaux : les nouveaux paradigmes de la géographie économique (avec Georges Benko), 1992.

Aux Éditions Anne-Marie Métailié

Phèdre : identification d'un crime, 1992.

Alain Lipietz

Qu'est-ce que l'écologie politique ?

La Grande Transformation du XXIe siècle

ÉDITIONS LA DÉCOUVERTE
9 *bis*, rue Abel-Hovelacque
PARIS XIIIe
1999

Je remercie très sincèrement Francine Comte et Maryvonne Yvon pour leur aide dans la mise en forme de ce texte.

On peut consulter mes travaux d'écologie politique sur ma page :

http ://perso.club-internet.fr/lipietz/

Catalogage Électre-Bibliographie

Lipietz, Alain
Qu'est-ce que l'écologie politique ? La Grande Transformation du XXIe siècle.
– Paris : La Découverte, 1999. – (Sur le vif).
ISBN 2-7071-3040-0

RAMEAU :	Écologisme.
DEWEY :	324.29 : Vie politique. Autres partis.
Public concerné :	Tout public.

Introduction

Qu'est-ce que l'écologie politique ? Est-ce une science – et alors pourquoi ne pas parler d'écologie ? Est-ce une politique ? La politique de ceux qui veulent une « bonne écologie » ? Les deux à la fois. L'écologie politique est l'écologie d'une espèce particulière, l'espèce humaine, une espèce sociale et politique. Mais c'est aussi un mouvement social pour transformer l'écologie réellement existante de notre espèce humaine. C'est donc une politique, mais c'est aussi une éthique : une aspiration morale à plus d'harmonie, d'autonomie, de solidarité, de responsabilité.

L'écologie humaine ne se réduit pas à l'« environnement », même si elle se fonde chez certains sur l'amour de la nature. « Comme on fait son lit, on se couche » : c'est notre mode de vie, de produire, de consommer, de nous distraire, qui remodèle notre environnement. L'écologie politique est une science sociale, la politique écologiste est d'abord une politique sociale : une politique du « mieux vivre », mais ce mieux vivre prend en compte les conséquences de nos actes sur notre santé, celle de nos proches, sur cette nature que nous empruntons aux générations futures.

Dans mes livres précédents, en particulier *Choisir l'audace. Une alternative pour le XXIe siècle*, dans *Vert espérance. L'avenir de l'écologie politique*, et surtout dans *La Société en sablier. Le partage du travail contre la déchirure sociale*[1], j'ai plutôt

1. Ces livres ont été publiés aux Éditions La Découverte, Paris, respectivement en 1989, 1993, 1996 (réédition augmentée en « poche », 1998).

insisté sur cet aspect : la dimension sociale de l'écologie politique. Certains ne s'y sont pas reconnus, n'y ont pas reconnu l'écologie. « Mais l'environnement ? La nature ? Les animaux ? » Je persiste : l'écologie politique, c'est d'abord la façon dont nous vivons ensemble. Non que j'oublie l'effet de cette activité sur l'environnement : une autre partie de mes travaux porte sur la géographie économique. Mais, je le reconnais, cette spécialisation n'est qu'une partie de ce qu'on appelle écologie politique. Isolée, elle devient une simple économie sociale.

Dans ce petit livre, j'ai voulu resituer l'écologie sociale dans le cadre plus général de l'écologie politique. On n'y trouvera guère de développements sur le partage du travail, le tiers secteur, la politique économique (dont traite *La Société en sablier*). On n'y parlera guère du rapport entre hommes et femmes dans leurs activités, et pourtant, comme le dit Francine Comte, « le premier environnement de l'être humain est le ventre de sa mère » ; et pourtant, la division sexuelle est la matrice de nos sociétés, et donc de leur trace sur l'environnement. Nous n'y parlerons pas non plus de la défense des droits de la personne humaine au sein des sociétés constituées en État : on ne parlera pas de la politique de l'immigration.

On y parlera donc surtout d'environnement, de la défense de la nature, de la Terre, « patrimoine commun ». Mais on le fera sous un angle essentiellement social et politique. Comment réorienter notre développement économique pour le rendre « soutenable » : conforme aux besoins de la génération actuelle, à commencer par ceux des plus démunis, sans compromettre les droits des générations futures à une Terre vivable, harmonieuse et belle ?

Après avoir défini dans un premier chapitre ce qu'est l'écologie politique, puis dans le chapitre 2 ce qui fonde une politique écologiste, je présenterai brièvement au chapitre 3 une histoire écologique de l'humanité, qui sera, hélas, l'histoire de ses crises, débouchant sur l'empilement des crises actuelles, qui les résume toutes et introduit un nouveau type : les crises

« globales ». Il s'agit des crises dont la cause est n'importe où, et dont les conséquences s'étendent sur la planète entière. Dans le chapitre 4, nous verrons les moyens de « dompter » les crises locales, dans le chapitre 5 les moyens d'éviter qu'elles ne se généralisent à la planète, dans le chapitre 6 nous considérerons l'une des plus graves crises qui rythmera le XXIe siècle : la crise de l'effet de serre.

J'ai conscience du caractère résolument *européen* de ce petit livre. Je n'aborderai qu'à peine les crises du Sud, glisserai sur les mouvements écologistes des États-Unis pour n'évoquer que le caractère profondément anti-écologiste du développement de ce pays, et je soulignerai l'importance d'une politique écologiste de l'Union européenne.

L'Europe est aujourd'hui dans une phase décisive de son histoire. Mère du colonialisme, du capitalisme et de la plupart des crises écologiques actuelles, l'Europe a pris la décision inouïe de s'unifier par un processus d'association volontaire. Fondée sur la conscience des crimes, des guerres et des horreurs passés, l'union de l'Europe s'est amorcée par l'économie. Elle entre maintenant dans une phase politique. Parce que son histoire est lourde, l'Europe est un continent expérimenté. Les législations sociales, le souci de construire pour le bien commun, y sont plus développés qu'ailleurs. Tout est relatif, mais le « modèle européen », ce que nous avons en commun et qui fonde notre volonté d'association, c'est bien cela, plus que nos politiques industrielles et nos modèles de compétitivité !

L'Europe ne pourra conquérir le cœur de ses habitants, et l'estime de ses partenaires sur la planète, que si son unification politique offre le modèle d'un choix, organisé et conscient, pour le développement soutenable : une Europe écologiste et solidaire.

Puisse ce petit livre y contribuer.

Alain Lipietz
Février 1999

1

De l'écologie au développement soutenable

Pour de nombreux journalistes et pour leur public, l'« écologie », c'est avant tout la défense de la nature. Il y aurait d'un côté le genre humain, de l'autre une nature vierge, et l'écologie s'inquiéterait du viol de la seconde par le premier.

L'écologiste, militant ou scientifique, ne peut se reconnaître dans une telle définition. Un spécialiste s'indignerait de voir l'« écologie des castors » réduite à l'effet de la construction des barrages sur les forêts d'alentour ou sur le cours des rivières. Pour lui, l'écologie des castors, c'est l'étude du rapport entre leur société organisée et son environnement : forêt, rivières et barrages compris – c'est-à-dire une nature transformée par leur activité –, et de la capacité d'un tel rapport à subvenir aux besoins de la population des castors. Il n'oubliera pas de s'intéresser à la façon dont cette population se multiplie par accouplement, donc s'intéressera à ses « rapports de sexes », s'interrogera sur cette science innée qu'ont les castors de construire des barrages, et se demandera comment ils s'organisent.

Mais, bien sûr, il n'ira pas prêcher aux castors de « faire attention », de ne pas ravager les forêts, de laisser un peu d'espace aux poissons, de ne pas trop se multiplier, etc. Et il ne supposera pas qu'un parti de castors s'en occupe. Il cherchera à comprendre les lois qui régissent leur survie, du point de vue des conditions externes d'une activité inscrite dans leurs gènes. D'ailleurs, avant l'invention du mot « écologie » par

Haeckel, au XIXe siècle, cette capacité des individus d'une espèce de vivre sur le dos de l'espace extérieur s'appelait (chez Buffon par exemple) « physiologie externe » de l'espèce : l'environnement comme un prolongement externe de leur appareil digestif.

La grande différence avec l'espèce humaine, c'est que les humains discutent, luttent et s'organisent explicitement au sujet de l'exploitation de leur territoire, de leur « domaine ». *Oikos*, en grec, signifie « domaine », d'où les mots jumeaux d'*éco*logie et d'*éco*nomie. Et le mot latin équivalent est *domus*, d'où les mots « *dom*aine » et « *dom*estiquer », mais aussi « *dom*iner », tous cousins donc de la famille « éco ».

Examinons pas à pas les conséquences de cette différence entre l'écologie des castors et celle des humains : une écologie qui est à la fois consciente et dominatrice.

De l'écologie naturelle à l'écologie politique

L'*écologie scientifique* ou naturelle est la science du rapport triangulaire entre les *individus* d'une espèce, l'*activité organisée* de cette espèce, et l'*environnement* de cette activité. L'environnement est à la fois le produit et la condition de cette activité, donc de la survie de l'espèce. Le triangle est bouclé !

Un problème classique d'écologie naturelle est celui de la chasse : combien faut-il de kilomètres carrés de terrain de chasse pour qu'y vivent une dizaine de renards ? Plus précisément, quelle doit être la densité de lapins dans ces kilomètres carrés pour que puissent se reproduire les renards ? Évidemment, comme les renards mangent les lapins, le nombre de lapins va diminuer, mais la population de renards, affamée, va à son tour diminuer, ce qui va provoquer la recrudescence de la population de lapins, etc. Dans l'écosystème lapin-renard, les populations de lapins et de renards vont donc connaître deux cycles « prédateur-proie » décalés dans le temps, que l'écologie mathématique peut formaliser selon des équations dites de Lotka-Voltera, oscillant autour d'un niveau d'équilibre : la *capacité de charge* du territoire.

Mais, bien entendu, les lapins eux-mêmes mangent des racines, des graines, de l'herbe ; ils sont en rapport prédateur-proie avec des végétaux, ils y sont en concurrence avec d'autres animaux. Les renards eux-mêmes sont menacés par des carnivores plus gros qu'eux, et ainsi de suite, jusqu'à un superprédateur qui n'est attaqué par personne et n'a qu'une chose à craindre : la raréfaction des proies. Cette hiérarchie complexe (avec des « niches écologiques » bien différenciées, où une espèce n'a pas de rivale, mais aussi des formes de concurrence entre espèces) forme un « écosystème ». Pour chaque espèce considérée, la capacité maximale de population qu'un écosystème peut supporter est sa capacité de charge. Au-delà, la population s'affaiblit, elle est elle-même attaquée par des maladies : elle entre en « crise de rareté », comme nos renards au creux du cycle des lapins. Une conséquence des crises écologiques frappant une espèce peut être l'*évolution* de l'espèce. Ce processus, extrêmement lent, est, pour les plantes et les animaux, involontaire[1].

Dans nos contrées, le superprédateur fut longtemps le loup. Aujourd'hui, sur la planète entière, c'est l'homme, animal social et politique, c'est-à-dire conscient.

Considérons donc maintenant les espèces *sociales*. Est dite sociale toute espèce dans laquelle existe une division du travail, si on ose appeler « travail » toute activité qui transforme l'environnement pour satisfaire les besoins des individus de l'espèce. C'est le cas des fourmis, termites, castors, etc. Dès lors, l'espèce elle-même fait partie de l'environnement de chaque individu, et l'*éthologie*, c'est-à-dire le rapport des individus d'une même espèce entre eux, fait de façon décisive

---

1. Pour un panorama de l'écologie naturelle, avec ses prolongements (parfois contestables) à l'écologie humaine, la « somme » est encore celle de François RAMADE, *Éléments d'écologie. Écologie appliquée*, Mac Graw Hill, Paris, 1989.

partie de l'écologie. Dans le cas de l'espèce humaine, l'éthologie s'appelle *sociologie* ou *anthropologie.*

Considérez de plus que cette espèce est *politique*, c'est-à-dire qu'elle est non seulement programmée génétiquement pour vivre en hordes, en tribus, en bandes, etc., mais qu'en plus cette horde, cette tribu, cette bande s'organise en *cité* (*polis*, en grec). Les individus de cette espèce définissent alors leurs comportements et leurs activités par une délibération. Ils jugent ensemble de ce qui est bien et de ce qui est mal. De ce fait, ils sont responsables de leur activité, des effets de cette activité sur le territoire, et donc de la façon dont ils garantissent la possibilité, de génération en génération, de continuer à vivre sur le même territoire et selon les mêmes méthodes. En fait, cette organisation rencontre elle aussi des crises, qu'une espèce politique comme l'humanité peut résoudre en changeant d'organisation sociale. *L'évolution socio-économique est la forme principale d'évolution de l'espèce humaine.* Autrement dit, l'espèce humaine – seule espèce sociale et politique – donne lieu à une écologie spécifique, dénommée *écologie politique.* L'écologie politique est la science de cette espèce particulière qu'est l'espèce humaine.

« La » science ? S'il en était ainsi, l'écologie et sa branche humaine, l'écologie politique, s'occuperaient d'à peu près tout ce qu'Aristote appelait le « monde sublunaire » : tout ce qui existe entre le fond des puits de pétrole et la haute atmosphère, sans oublier l'influence du Soleil (notre source principale d'énergie) et de la Lune (responsable des marées, donc d'une partie des tempêtes). Qu'on en juge, en nous limitant pourtant à l'écologie politique.

Sur le premier côté de notre triangle écologique (le rapport entre les individus et l'activité organisée de l'espèce) travaille déjà une armée de savants : sociologues – et d'abord ceux des rapports de genre –, anthropologues, et, plus près de l'individu, les psychosociologues et psychanalystes. Ces deux sciences s'intéressent essentiellement aux toutes premières pulsions des humains, face à leur environnement immédiat, principalement d'autres humains : leurs parents (pour la psychanalyse) et leurs voisins et associés (pour la psychosociologie). Une bonne partie des économistes, ceux qui ne s'intéressent qu'aux rapports de pouvoir dans la production et à la distribution du produit, sans se préoccuper de l'aspect concret du travail (ce qu'on produit et comment), campent résolument sur ce premier côté du triangle. C'est d'ailleurs pourquoi on les appelle « économistes ».

Quelle est en effet la différence entre *écologie* et *économie* ? Les deux premières syllabes, on l'a vu, ont la même racine : le domaine. Puis vient, pour le premier de nos jumeaux, le *logos*, c'est-à-dire le sens, la raison d'être et d'agir, et pour le second, le *nomos*, c'est-à-dire la règle et la mesure. L'économie s'occupe de mesurer des quantités (en argent, en rendements), l'écologie s'intéresse à la valeur d'usage de ce qui est fait (au sens large : y compris la contemplation !), à son utilité (y compris esthétique), à ce qui donne sens à l'activité : « Pourquoi faisons-nous cela ? Est-ce prudent ? Est-ce bien utile ? Est-ce juste ? » C'est pourquoi l'écologie politique est irrésistiblement attirée vers les deux autres côtés du triangle, vers le « concret » de l'écologie : le côté qui va de l'activité sociale à son effet sur l'environnement et le côté qui va de l'environnement au bien-être des humains.

Rares sont les économistes qui s'intéressent vraiment à l'aspect matériel de l'économie, qui pourtant lui assigne des limites « de bon sens ». On peut citer par exemple Nicolas Georgescu-Roegen, qui insiste sur le caractère irréversible de l'« entropie » créé par notre activité, le « désordre » que nous semons dans notre domaine, en transformant par exemple en pollution les richesses naturelles puisées dans les entrailles de la Terre ; citons encore René Passet, père de la bio-économie [2].

2. Voir Nicolas Goeorgescu-Roegen, *La Décroissance. Entropie-écologie-économie*, Sang de la Terre, Paris, 1995 (avec un remarquable appareil de notes et notices de Jacques Grinevald et Ivo Reus) ; René Passet, *L'Économique et le Vivant*, Payot, Paris, 1983.

L'économie dominante s'intéresse parfois, il est vrai, à l'effet de la société organisée sur le territoire. Du moins ces branches de l'économie moins bien considérées que sont l'économie industrielle, l'économie régionale, l'économie rurale, l'économie des transports. Mais ce sont surtout les sciences de l'aménagement du territoire qui occupent ce deuxième côté : la géographie humaine, l'urbanisme...

Sur le troisième côté – l'effet en retour de l'environnement sur les individus –, on retrouve évidemment des sciences écologiques par excellence. D'abord, l'agronomie, qui au fond étudie la capacité de charge d'un terroir, sa capacité à nourrir les humains. Le père de l'écologie politique française, René Dumont, fut toujours un agronome, et même un ingénieur agronome, dont le livre prophétique *L'Afrique noire est mal partie* marqua toute une génération de soixante-huitards devenus écologistes. Son problème fut toujours : « La terre, *telle que nous l'utilisons*, peut-elle nourrir les hommes ? » Mais à côté de ce versant utile de l'environnement, il y a son versant dangereux : « L'espace, *tel que nous l'habitons*, ne nous rend-il pas malades ? » Et cela, c'est l'objet de plusieurs branches de la médecine : l'épidémiologie, l'hygiénisme, la radiologie, toutes les sciences qui nous disent ce qui nous rend malades...

Et ce n'est pas tout. L'Homme[3] n'est pas seul sur Terre, et la Terre est chauffée par le Soleil. Toutes les sciences de la nature, l'écologie des autres espèces, l'écologie générale, puis la science de la « vie minérale » de la planète, la géophysique, et, en deçà, les sciences fondamentales comme la chimie, la physique nucléaire, et, au-delà, la météorologie, l'hydrologie, la mécanique, toutes peuvent, par un point ou un autre, concerner l'un des sommets ou des côtés de notre triangle !

---

3. Malgré l'extrême importance que porte l'écologie politique à la relation homme-femme, il serait fastidieux de recourir systématiquement au politiquement correct « les humains ». Convenons d'écrire parfois *Homme* pour désigner cette espèce...

Les écologistes sont-ils dès lors des encyclopédistes ? Oui, naturellement, un peu. Mais, depuis Pic de la Mirandole à la Renaissance, nous avons renoncé à connaître toutes les sciences. L'écologie politique est plutôt un état d'esprit, qui cueille des fleurs dans les autres sciences pour les rassembler en bouquet inséré dans notre triangle. En revenant toujours à ces questions : comment notre organisation sociale nous conduit-elle à modifier l'environnement ? Et les effets de ces modifications sur les individus, sont-ils favorables ou défavorables ?

Rien n'est plus dangereux que la réduction de l'écologie à un seul aspect du triangle (en général : le deuxième, l'effet de l'activité sur l'environnement). Rien, si ce n'est la réduction de l'écologie à l'une des sciences « servantes » de l'écologie, comme la géophysique. Combien aurons-nous lu de spécialistes du couplage océan-atmosphère, voire du couplage volcanisme-atmosphère, qui pensent faire de l'écologie avant même d'avoir réfléchi à l'impact de ce couplage sur le monde vivant !

De l'écologie politique au développement soutenable

Vous m'objecterez peut-être que l'écologie politique est plutôt l'écologie de ceux qui transforment l'écologie en politique. C'est en fait quasi la même chose. On disait, il y a trente ans : « Si tu ne t'occupes pas de la politique, la politique s'occupe de toi. » De la même façon : « Si l'on ne s'occupe pas, en écologistes, de politique, l'écologie politique du réel va s'occuper de nous. » Si la politique urbanistique, la politique de l'environnement, la politique agricole, la politique du travail, la politique internationale ne se préoccupent pas des problèmes d'écologie, alors ces politiques produiront des effets pervers, des effets qui rendront *insoutenable*, à terme, leur perpétuation. Et ces politiques *insoutenables* compromettront même, à terme, la survie de l'espèce, ou en tout cas d'une survie « civilisée ».

Nous l'avons dit : l'écologie politique s'occupe du *sens*. Elle est donc par définition jugement : « Tel résultat de nos pratiques, est-ce bien, ou est-ce mal ? » Or il n'y a pas de réponse claire à ce genre de question. Les « valeurs » (le poids et le sens que nous donnons aux actes ou aux situations qui en résultent) ne sont pas dictées pour toujours sur des tables de la Loi. Elles sont le produit, toujours provisoire, d'un *débat*, où les points de vue, les passions divergent, et ne peuvent au mieux être « régulés », c'est-à-dire maintenus dans une unité à peu près stabilisée, que par l'activité proprement politique. La forme la plus écologiste de cette activité politique, c'est la *démocratie*, qui permet d'ouvrir l'éventail des points de vue, pour en débattre et trouver une solution provisoire[4]. L'écologie politique comme *science* nous donne les enjeux de ce débat : « À vous de choisir. » Mais ne soyons pas naïfs, la science ne recherche que ce que les puissants, qui organisent la « mise en valeur du domaine », lui indiquent de chercher. Seulement cela ? Pas tout à fait. La curiosité, l'autonomie des chercheurs les incitent à fureter plus loin, leur sens civique à porter sur la scène publique leurs interrogations dérangeantes. Des mouvements sociaux s'emparent du débat sur les valeurs, s'interrogent sur les moyens. Ils poussent les chercheurs à aller plus loin. L'écologie devient spontanément politique en refusant les modèles de développement économique « insoutenable » : elle cherche à définir et imposer un *développement soutenable*.

Inversement, la réflexion sur la politique suggère que l'un des enjeux possibles de *toute* politique est la question du développement soutenable. Nous le verrons plus loin, l'histoire, l'écriture, l'État commencent quand les humains commencent

4. Voir le livre de Denis Duclos, *Nature et démocratie des passions*, PUF, Paris, 1996.

à « domestiquer » la nature, à la transformer en domaine, à la soigner comme un troupeau, comme un champ : avec la révolution néolithique, avec les premières cités. « L'histoire commence à Sumer », a écrit Kramer, avec cette cité qui organisa l'irrigation de la Mésopotamie. Des prêtres-hydrologues aux ingénieurs des Ponts-et-Chaussées, les fonctionnaires de l'espace ont « fait du développement », qu'ils ont cru soutenable. En fait, les humains ne sont pas obligés de vouloir un développement soutenable : le choix du Bien et du Mal leur est toujours offert. Mais faire le choix de la vie sur la planète et de la survie des humains, c'est faire un choix de développement soutenable. En somme, non seulement l'écologie est politique, mais toute politique est une bonne ou une mauvaise écologie appliquée.

Ici, on ne peut pas ne pas citer encore ce chœur de l'*Antigone* de Sophocle, premier hymne à l'humanisme prométhéen, véritable déclaration de propriété sur la nature :

Il est bien des merveilles en ce monde
Il n'en est pas de plus grande que l'Homme
Il est l'être qui tourmente la déesse Terre
La Terre éternelle et infatigable, avec ses charrues qui chaque année la sillonnent sans répit.
Paroles, pensées vives comme le vent, aspirations d'où naissent les cités,
Tout cela il se l'est enseigné à lui-même
La Mort seule il ne l'évite point
Mais avec son savoir ingénieux qui passe toute espérance
Il peut prendre ensuite la route du Mal comme du Bien.

Dans cette tragédie d'*Antigone*, tragédie sans Dieu, simple affaire entre les humains, et d'abord affrontement entre Créon, l'homme-roi de la cité aux lois artificielles, et Antigone, la femme, défendant la « loi non écrite », Sophocle indiquait déjà deux points d'arrêt à l'humanisme. La question de « la terre, que fatiguent les charrues », et la question de la mort, incontournable. La question de la *soutenabilité*, déjà, était posée, à l'aube de notre civilisation.

Mais que veut donc dire exactement cet adjectif, *soutenable* ? « Soutenable » a une double dimension. Dans le temps présent, pour qu'un modèle de développement soit soutenable, il faut qu'il permette à chacun de satisfaire ses besoins. Au long du temps, il faut que ce modèle de développement puisse durer[5]. Par exemple, les pays développés ont connu après 1945 un modèle dans lequel le pouvoir d'achat de tous augmentait rapidement, au même rythme que la productivité du travail (ce qui assurait le plein emploi, et la croissance du « bonheur matériel brut » par personne). Mais c'était un modèle insoutenable. Si l'on avait continué ainsi, si l'on avait étendu ce modèle de développement à l'ensemble de l'humanité, on aurait épuisé toutes les réserves terrestres et, par exemple, la saturation de l'atmosphère en gaz carbonique aurait été très rapide.

La définition du modèle de développement soutenable, désormais adoptée par toutes les instances de l'ONU, est la suivante : « Un modèle de développement qui permet de satisfaire les besoins d'une génération, en commençant par ceux des plus démunis, sans compromettre la possibilité, pour les générations suivantes, de satisfaire les leurs. » Évidemment, l'expression « satisfaire les besoins de tous » est extrêmement ambiguë, car riches et pauvres ne revendiquent pas la satisfaction des mêmes besoins. Or le monde actuel est déchiré par d'effroyables inégalités entre les humains. Aussi, la définition propose-t-elle une relation d'ordre : « Satisfaire les besoins de tous les individus... à commencer par les besoins des plus démunis. » Et l'anglais est encore plus explicite : il dit

5. En anglais, ces deux idées sont captées par le mot *sustainable*. En français, on parle aussi, négativement, et d'une situation *insoutenable*, et d'un rythme *insoutenable*. Mais voilà : jusqu'ici, le mot « soutenable » ne valait que pour les thèses ! Dans une bataille confuse au sein de la francophonie, où s'affrontèrent Suisses et Québécois, la traduction officiellement adoptée fut « développement durable », ce qui revenait à jeter au panier la première moitié de la définition. Une langue ne vit qu'en forgeant des mots nouveaux, ou en donnant une acception nouvelle aux mots anciens : je m'en tiens résolument au terme « soutenable ».

the poorest, les plus pauvres. Ce critère est celui de justice minimale. Ce n'est pas forcément le mien. Mais c'est celui qu'a soutenu le très respecté John Rawls, dans sa *Théorie de la justice*. Le problème primordial ne serait pas de savoir s'il y a des inégalités : certaines des inégalités sont acceptables, à condition qu'elles permettent d'améliorer la situation des plus défavorisés. Autrement dit, ce qui compte pour comparer deux situations, c'est de comparer le niveau de ceux qui en profitent le moins. Cette définition a fait l'unanimité de l'ONU, puisque, évidemment, même les plus riches pouvaient s'en satisfaire.

Voilà donc la définition officielle du développement soutenable, telle qu'elle s'est incorporée aux corpus des droits de l'être humain, dans les grandes conférences internationales qui ont scandé la dernière décennie du second millénaire après Jésus-Christ : Rio, Copenhague, Vienne, Le Caire, Beijing... On vient de le voir : cette définition est un compromis minimal, extrêmement formaliste et abstrait, qui représente un pas en arrière par rapport à la densité de ce que les pionniers des années soixante-dix appelaient *éco-développement*.

L'idée primitive d'éco-développement partait du constat que le modèle de développement des pays dominants de l'après-guerre consommait trop de matières premières et produisait trop de déchets. La première grande conférence des Nations unies sur l'environnement, à Stockholm en 1972, prônait un éco-développement où les communautés locales devaient veiller à ne pas commettre ces deux erreurs. Le terme d'éco-développement comportait donc d'emblée une connotation fortement critique de la dynamique du libéralisme économique. Mais cette première conférence n'avait aucunement l'ambition d'édicter des obligations. Puis est venue la deuxième grande conférence, celle de Rio en 1992, précédée longtemps à l'avance par une série de réunions préparatoires. Il s'agissait, cette fois, de prendre des décisions fermes. L'une des instances préparatoires fut la commission des Nations unies pour l'environnement, présidée par Mme Brundtland, Premier ministre (social-démocrate) de Norvège [6]. Celle-ci s'est heurtée immédiatement à l'opposition des États-Unis, qui refusaient que l'on parlât d'éco-développement. On avait le droit de dire qu'il fallait satisfaire les besoins de la génération présente sans compromettre ceux de la génération future, et d'appeler cette exigence « soutenabilité ». Mais le terme d'éco-développement était tabou, dans la mesure où il avait pour connotation la fin du libre-échange sauvage, l'interdiction de l'exploitation d'un territoire par un autre, etc. En somme, le « développement soutenable » est l'euphémisme politiquement correct de l'« éco-développpement », face à une administration des États-Unis dont le président George Bush proclama à Rio · « Notre mode de vie n'est pas négociable. »

Hommage du vice à la vertu, comme l'hypocrisie, l'euphémisation permet de poser le problème de la « soutenabilité » sans trop s'engager dans la voie des solutions (l'éco-développement). C'est que, on l'a vu, nul n'est tenu de vouloir un développement soutenable. De fait, nombre de pays sont gouvernés par des élites qui préfèrent un développement insoutenable – insoutenable pour leur propre peuple, insoutenable pour les autres peuples, ou insoutenable pour les générations futures. La dictature de Mohamad Mohaytir, par exemple, développe la Malaisie en massacrant ses peuples indigènes et en détruisant ses forêts, et, de surcroît, revendique le droit de le faire pour encore cent cinquante ans, en prenant pour précédent les agissements des États-Unis et de l'Europe. Vouloir un développement soutenable n'est pas une « règle d'intérêt bien compris », c'est un *impératif catégorique* qui est en train de s'affirmer, dans le processus des débats publics internationaux, mais qui n'est pas encore admis avec la force (toute relative...) du « Tu ne tueras point ».

6. Commission des Nations unies sur l'environnement et le développement, *Notre avenir à tous*, traduction française Les Éditions du Fleuve, Québec, 1988.

De ce fait, on peut en effet donner une définition purement politique ou idéologique des défenseurs de l'écologie politique : ceux qui, en politique, veulent promouvoir un développement soutenable. C'est une définition symétrique de la définition de départ. Nous sommes partis de la question de savoir ce qu'est l'écologie pour n'importe quelle espèce, et nous avons vu pourquoi une espèce sociale et politique devrait vouloir un développement soutenable si elle raisonne bien, du point de vue de son intérêt à long terme en tant qu'espèce. Au sein du champ politique, les écologistes sont ceux qui se battent pour ce développement soutenable. Ils se battent au nom d'une certaine conception de l'intérêt général de l'humanité, contre des forces politiques et sociales qui ne le prennent pas en compte.

Pourquoi les dirigeants des États-Unis ou de la Malaisie ont-ils pu, à la conférence de Rio, se déclarer résolument contre les impératifs du développement soutenable ? Pour les mêmes raisons qui faisaient dire à la noblesse française de l'Ancien Régime et à Louis XV : « Après nous, le déluge ! » Et, en effet, si la société des hommes reste à l'avenir aussi inégalitaire qu'aujourd'hui, tous les individus n'ont pas besoin de vouloir le développement soutenable... à condition d'être du bon côté ; et la génération d'aujourd'hui n'a pas besoin que toutes les générations suivantes satisfassent leurs besoins. Mais la majorité des humains, de génération en génération, aspire à un développement soutenable. Les conflits existent parce que, dans notre espèce sociale et politique, se développent des *rapports sociaux* : des rapports entre les sexes, des rapports entre les classes sociales, entre les communautés. Certains de ces rapports sociaux sont contradictoires : les intérêts des uns ne sont pas les intérêts des autres. Et, même si l'on peut considérer que tous les groupements humains ont intérêt à s'entendre, l'horizon de la vie individuelle étant limité, une fois de plus un individu peut conclure : « Après moi, le déluge. »

Les rapports sociaux modèlent la façon dont l'humanité organise son activité, et déterminent comment cette espèce, ainsi organisée, s'approprie son environnement (lui-même le produit d'un travail passé). Ces rapports sociaux informent donc structurellement l'écologie humaine, que l'on peut, à la limite, caractériser comme *la trace matérielle des rapports sociaux* (ce qui est d'ailleurs à peu près la définition de la géographie humaine).

Les crises écologiques d'une époque sont donc des crises des rapports sociaux de cette époque. Nous développerons ce thème au chapitre 3. Mais déjà, il me faut répondre à l'objection de nombreux lecteurs écologistes sincères : « Quand même ! vous exagérez ! La bonne écologie, ce n'est pas seulement ce qui est bon pour l'humanité, même en prenant en compte les générations futures ! La nature, la splendeur du vol de l'aigle, le bond somptueux de la baleine, l'harmonie des paysages... Est-ce que cela ne mérite pas l'intérêt des écologistes ? Votre écologie est complètement anthropocentrique, ce n'est qu'une écologie sociale ! »

Oui. C'est vrai, j'ai exagéré. Et je rassure ces lecteurs tout de suite : je ne tiens pas les amoureux de la faune et des paysages sauvages pour des benêts ou des nazis en puissance. J'irai même plus loin : je crois qu'on ne peut fonder l'écologie comme politique sur le seul « intérêt bien compris de l'humanité tout entière », ni par le seul débat démocratique. Je crois, pour dire les choses clairement, qu'il n'y a pas de prise de parti écologiste sans un noyau d'« écologie profonde ». Celle qui fonde sa prudence sur un sentiment sourd de respect pour la nature, là, devant nous, cette Terre qui nous a précédés, cette immense trame de la vie dont nous ne sommes que des fils parmi d'autres. C'est ce que nous allons d'abord examiner dans le chapitre 2[7].

7. Ce livre n'ayant aucune prétention encyclopédique, le lecteur qui souhaite avoir accès au panorama de la pensée écologiste se reportera à deux « portails » francophones : Frank De Roose et Philippe Van Parijs, *La Pensée écologiste*, De Boeck Université, Bruxelles, 1991, et (plus « franco-français ») : Jean Jacob, *Les Sources de l'écologie politique*, Arléa-Corlet (diff. Seuil), Condé-sur-Noireau, 1995.

2

Paysage, éthique et politique

L'écologie politique, nous venons de le voir, est à la fois une science humaine, ou plutôt une approche fédératrice de nombreuses sciences humaines, et un *mouvement social* et *politique*, mobilisé par les problèmes sociaux dont traite cette science humaine. À chaque époque (nous le détaillerons au prochain chapitre), les femmes et les hommes se sont battus et se battront pour un développement soutenable, tel qu'ils le perçoivent : pour manger à leur faim, s'abriter dans un habitat sain, pour vivre leur enfance et leur temps sans être broyés par la machine, pour ne pas succomber demain sous les excès d'une consommation de masse dictée par une production de masse.

Ce mouvement social aspire à une politique, que l'on nomme aussi écologie politique, ou mieux politique écologiste. L'écologie politique a donc suscité une mouvance, des partis politiques écologistes, les mouvements et partis « verts ». Or ces mouvements ne sont généralement pas perçus, ni par la majorité des observateurs extérieurs (les journalistes), ni même par une partie de leurs propres militants, comme mobilisés d'abord par des « questions sociales ». Les Verts français par exemple ont eu beau s'égosiller pendant plus d'une décennie, seuls contre presque tous, en faveur du partage du travail, de l'égalité et de la parité hommes-femmes, des droits des étrangers, ils restent « le parti de l'environnement et de la nature ». Quand ils arrivent au pouvoir en Europe, au sein de coalitions qui appliquent une partie de leur programme social, ces préoccupations sont attribuées aux autres partis de la coalition, qui les ignoraient quelques années auparavant. Il n'y a rien à faire : « Verts, restez dans l'environnement. » Et, bien sûr, s'ils cédaient à cette tentation, on leur reprocherait aussitôt d'ignorer les problèmes sociaux, les problèmes humains, de préférer les fleurs et les oiseaux. Certains sont allés (y compris chez les écologistes) jusqu'à opposer une « écologie profonde », qui défendrait la nature contre les humains, et une « écologie sociale », qui, à vrai dire, n'aurait plus grand-chose de spécifiquement écologiste. En réalité, « écologie sociale » et « écologie profonde » sont deux variantes d'une écologie « radicale », c'est-à-dire qui « va à la racine », qui critique, derrière les dégradations et les crises environnementales, une mauvaise organisation sociale [1]. J'en ai averti le lecteur, je ne développerai pas pour la énième fois dans ce livre les propositions strictement « sociales » qui dérivent de l'approche écologiste : la lutte pour la conquête du temps libre et le partage du travail et des richesses, la lutte pour la formation d'un « tiers secteur », entre l'économie marchande et la fonction publique, un secteur d'utilité écologique et social au service de la communauté.

Je voudrais ici au contraire faire percevoir l'*unité profonde* entre l'« amour de la nature » et la volonté d'humaniser nos propres sociétés, la volonté d'établir un « bon rapport » entre les sociétés et leurs territoires, à travers un meilleur rapport entre les humains eux-mêmes. Pour cela, je partirai d'un terrain de lutte bien spécifique aux écologistes, la défense du paysage. C'est celui-là même qu'attaque un des pourfendeurs

---

1. Sur la portée et les limites de cette opposition, il est indispensable de lire le dialogue entre Murray BOOKCHIN et Dave FOREMAN, *Quelle écologie radicale? Écologie sociale et écologie profonde en débat*, Atelier de création libertaire/Silence, Lyon, 1994. Le très riche appareil de notes de cette édition offre un panorama des débats au sein de l'écologie américaine, autrement objectif que le pamphlet anti-écologiste de Luc FERRY, *Le Nouvel Ordre écologiste* (Grasset, Paris, 1992), qui vise essentiellement Dave Foreman, fondateur d'une scission radicale de Sierra Club : *Earth First!* La déclaration finale de Dave Foreman dans ce livre devrait mettre un terme à la version franco-française du débat.

de l'écologie profonde, Luc Ferry, en dénonçant un ennemi caricaturé, le Sierra Club des États-Unis, ce grand défenseur des paysages splendides des montagnes Rocheuses et de leur faune sauvage. En Europe, il n'y a pratiquement plus de paysage « sauvage », et pourtant... À partir de cette réflexion, je glisserai vers les mobiles, le sens, l'éthique de l'engagement écologiste, et de là vers les mobiles et la raison d'être de partis Verts.

Le paysage, pays et visage

Dans *paysage* il y a *pays*, il y a presque *paysan*, il y a presque *visage*. Un territoire, expression d'un travail humain, face à nous sous notre regard (« paysage : étendue d'un pays que l'on voit d'un seul aspect », dit le *Littré*) : ces trois termes définissent le paysage comme point de vue écologiste sur l'environnement.

Comprendre l'amour et le respect du paysage, c'est en effet comprendre ce qu'est l'écologie politique, comme politique de l'écologie humaine. L'écologie politique, nous l'avons vu, ce n'est pas la « nature », ce n'est même pas l'« environnement ». L'écologie est le triple rapport des individus d'une espèce, de leur activité sociale, et des conditions externes de cette activité modifiées par cette activité elle-même. Et c'est le troisième terme seulement que l'on appelle « environnement ». Réduire l'écologie (humaine) à l'environnement serait oublier l'espèce (humaine) dont on fait l'écologie, et oublier son activité, par laquelle elle se fait espèce humaine en prenant appui, en pesant (parfois trop lourdement) sur son environnement. Considérer nos activités humaines en écologiste, c'est poser un regard sur ce territoire, presque toujours habité, aménagé, du moins en Europe, par des humains : un paysage.

Revenons à nos castors. Imaginerait-on une écologie des castors qui ne se préoccuperait que de l'effet de leurs barrages sur le paysage ? Non, l'écologie des castors concerne la construction même de leurs barrages, ses moyens, ses fonctions, la vie sexuelle et alimentaire des castors dans leurs barrages, etc.

Ainsi de l'écologie politique, avec deux différences fondamentales. La première, dirait-on en paraphrasant Marx (lui parlait des abeilles), c'est que « ce qui distingue dès l'abord le plus mauvais architecte du castor le plus expert, c'est qu'il a construit le barrage dans sa tête avant de le construire réellement ». Entre leur besoin (physiologique) et leur activité, les humains interposent la médiation d'un *projet.* Mais ce n'est pas tout.

Cette expression de lui-même et pour lui-même qu'est le produit son activité, l'homme a la capacité de se retourner vers elle, de la contempler à distance, comme une chose *étrangère* et en face de lui, comme un environnement déjà donné, peut-être pas depuis toujours, mais en tout cas maintenant : un paysage. Il a la capacité de juger esthétiquement cette œuvre qu'est son environnement, et de se poser la question éthique du droit à la modifier. Il peut juger son propre agir, comme le chante le chœur de l'*Antigone* de Sophocle que nous avons cité. Il peut prendre ensuite la route du Mal comme celle du Bien.

C'est à l'intersection exacte de ce projet qui se matérialise en territoire pour répondre à un besoin (« terre sillonnée de charrues », « cités nées des aspirations civiques »), et de ce choix éthique, ou esthétique, entre le Bien et le Mal, entre le Beau et le Laid, que l'environnement se fait paysage.

Paysage : d'abord « étendue de *pays* ». « *Pays :* habitant d'un *pagus*, d'un bourg, d'un canton, et par extension le *pagus* lui-même », dit *Le Petit Robert*, en une vertigineuse étymologie en boucle, où le territoire se définit par extension du nom de celui qui l'habite, lequel se définit de l'habiter : la « physiologie externe », déjà.

Le mot *pagus* vient du verbe latin *pango* : à la fois *planter* (un rameau), *fixer* (une borne), *établir* (un *pacte*). *Pactum* est d'ailleurs le participe passé du verbe *pango* : le pays est le fils du pacte[2]. Donc, un *pays*, c'est une géographie bornée par une histoire à la fois productive et juridique, comme la *région* est un territoire défini par une histoire politique, un règne *(regio)*. Mais ces doublons, « pays » et « région », se rattachent à deux familles étymologiques différentes : qui dit *pays* dit *paysan* et *payer*, qui dit région dit *royal* et *régir*. *Pays*, c'est le territoire humain vu du côté du peuple producteur ; *région*, c'est le territoire humain vu du côté des rois, des régisseurs. Le *pays*, c'est la communauté des humains, fondée non sur les rapports de pouvoir *(région)*, ni sur les liens de sang *(patrie)*, mais sur une *marque* : l'effort de survivre en commun, selon un pacte, qui a modelé un environnement. « Qui a pays n'a que faire de patrie », disait Fontaine (grammairien de Port-Royal, cité encore par Littré).

Rien de moins « naturel », rien de plus culturel, rien de plus humain donc qu'un « pays ». Alors, le *paysage*, regard humain sur un *pays* ! Et c'est pourtant du côté du « visage » que ce pays qu'est un paysage bascule vers la « nature », éventuellement « sauvage ».

Le paysage, c'est le pays mis devant soi comme séparé, en dehors de soi. Séparé, placé en face de soi, par son caractère *naturel* d'abord : ces lignes, ces courbes de niveau, ces rocs, cette vie qui surgit au printemps, avec ou sans engrais ni fumure, cette vie qui s'en va à l'automne, avec ou sans pesticides ou brûlis, ce chant des oiseaux, ces passages d'animaux (« Passage éventuel d'animaux sauvages », comme le dit si joliment et si profondément le code de ces routes qui s'enfoncent dans les paysages). Tout cela, qui ne dépend d'aucun effort humain, cette « nature qu'on ne peut commander qu'en lui obéissant » (comme disait Spinoza), rappellent avec une

2. Quant au mot *pagus* (le futur « pays »), les Romains l'attribuaient à leur second roi mythique, Numa, qui distribua la terre aux paysans et la *cadastra* en *pagus*. G. Dumézil a montré que ce roi symbolise, au sein de la trinité indo-européenne (le roi-prêtre, le guerrier, le paysan), la jonction entre la première et la troisième fonction.

bouleversante, une exaspérante, une pacifiante évidence, que (selon Marx encore) « il est faux de dire [comme les socialistes allemands] que le travail est la source de toute richesse. Il n'en est que le père, et la nature en est la mère ».

Séparé, étranger à soi ensuite parce qu'il est le fruit de *générations* d'humains, de générations qui se sont empilées sur la nature, se sont tassées comme couches archéologiques au point d'en devenir couches géologiques, s'ensevelissant, s'enracinant, se naturalisant de leur propre succession. Culture, seconde nature, au point d'en devenir nature, culture d'« avant », aussi étrangère à la chaîne de nos raisons qu'une chaîne de montagnes : ruines antiques, façades démodées, friches industrielles. Fallait-il conserver ces vieilleries romanes qui encombraient nos villes, quand on pouvait louer Dieu par ces miracles de lumière : les églises gothiques ? Autant préférer un hallier à un jardin, et personne n'y pensa au XIIe siècle en Parisis... Faut-il arrêter le métro de Rome quand il tombe sur une crypte antique jusqu'ici fermée aux regards ? Il semble aujourd'hui que oui...

Séparé, étranger à chacun une troisième fois, parce que l'activité sociale qui modèle l'environnement surplombe à jamais chacune de nos activités particulières, ponctuelles, qui concourent à ce processus collectif toujours inachevé. Contrairement à la ruche de l'abeille, au barrage du castor, à la façade de l'architecte, le paysage n'est jamais le produit d'une activité particulière, mais le fruit de multiples activités non coordonnées.

Le paysage, en face de l'activité et sous le regard humain, c'est donc d'abord l'*altérité*, l'idée même de l'Autre. Je ne suis pas seul, il y a, il y a eu les autres, il y a la nature avant et après moi. Dès lors, le paysage est paysage même quand il n'est pas « pays », même quand il n'est pas ce paysage urbain ou rural, trace de générations antérieures, même quand il n'est pas vie végétale ou animale, même quand il est minéral. Il lui faut, il lui suffit de se donner au regard humain (faute de quoi il n'est que « morphologie », comme la Lune avant qu'Amstrong y eût mis le pied). Le paysage peut être totalement minéral : c'est le regard humain qui l'humanise, le baptise, l'« anthropocentrise ».

Il n'est pas de paysage plus splendide et plus emblématique des États-Unis que ces tables de pierre surgies du désert que l'on nomme Monument Valley. Il est paysage humain par les cow-boys des films de John Ford qui y campèrent, par les convois de pionniers qui l'ont traversé, et qui hantent, aux yeux des touristes, ses espaces désertiques. Les plus célèbres figures de l'écologie populaire d'après-guerre, le commandant Cousteau et Haroun Tazieff, nous montrèrent un univers sans homme, les fonds marins et les bouches volcaniques. Mais nous les remercions, parce qu'ils ont mis ces splendeurs sous notre regard. Les volcans, ces phénomènes physico-chimiques, telluriques, inhumains, sont par excellence « paysage », parce qu'ils nous montrent la nature la plus dépourvue de vie et d'humanité s'opposer, dans sa minéralité vivante, en concurrente directe de la puissance démiurgique de l'humanité : le volcan, seul vrai concurrent de l'homme à la surface de la Terre.

Parce qu'il est altérité sous notre regard, notre visée, le paysage est *visage*, et donc chargé de la puissance éthique du visage, superbement analysée par Emmanuel Lévinas : « Le visage est exposé, menacé, comme nous invitant à un acte de violence. En même temps, le visage est ce qui nous interdit de tuer[3]. » C'est en face du visage, comme du paysage, que l'humanité, dans sa capacité à marquer le monde, par besoin ou par jeu, rencontre le problème éthique, individuel, social et écologique, le problème du bien et du mal : caresser, ou saccager. « Le visage est ce qu'on ne peut tuer, ou du moins ce dont le sens consiste à dire : tu ne tueras point. Le meurtre, il est vrai, est un fait banal : on peut tuer autrui ; l'exigence éthique n'est pas une nécessité ontologique. » On l'a dit : nul n'est tenu au développement soutenable...

3. Emmanuel LEVINAS, *Éthique et Infini*, le Livre de Poche, Paris, 1982.

Mais ne nous trompons pas. Il est bien des façons de meurtrir, humilier, défigurer un visage, un paysage. Pas seulement le coup de cravache qui fend l'un, l'autoroute qui déchire l'autre. Qui dit regard dit possible *pornographie* (représentation prostituée). Réduire le paysage à un objet offert, ligoté, figé pour la délectation des yeux. Des yeux que l'on détourne, gênés, quand ils aperçoivent un pauvre campement d'Indiens Navajos dans la Monument Valley.

Éthique de l'engagement écologiste

Entre massacre et pornographie, quelle sera la politique écologiste du paysage ? Elle rejettera sans doute la stérile opposition héritée du XVIIIe siècle cher à Luc Ferry : ou la domestication rationaliste « à la française », ou la mise en scène romantique de la sauvagerie. Comme la caresse après le regard, et parfois jusqu'au baiser de la passion, le paysage redevient pays où l'on vit, dans la fécondation réciproque du passé et du présent, de la nature et de la culture. Pas plus que le visage aimé, le paysage ne restera immobile avec le temps. À nous d'apprendre à vivre avec lui, à le faire vivre, en négociant ses transformations, en respectant sa diversité quand nous jugeons nécessaire de le modifier. En le regardant avec les yeux de celui qui voit pour la dernière fois.

Et c'est pourquoi, avec tous les gages que j'ai donnés dans le chapitre 1 à une approche sociale de l'écologie politique, je garde au cœur respect et même tendresse pour les militants, pour les intellectuels, qui sont venus à l'écologie par le chemin de la nature, par l'amour de la faune sauvage, du vert des forêts et de leur flamboiement d'automne, de la splendeur des déserts. L'écologie politique est science sociale et mouvement social. Mais il y a deux chemins pour y parvenir, tout aussi respectables. Le chemin du chapitre 1 : la délibération, entre les humains, de ce qui est juste et bien, le débat public, l'intérêt bien compris de tous à l'échelle infinie des générations. Cette tradition, qui s'enracine philosophiquement dans le siècle des Lumières et l'éthique d'Emmanuel Kant, trouve aujourd'hui sa forme moderne chez un Jürgen Habermas : l'« éthique de l'agir communicationnel », la définition progressive et toujours recommencée du « pacte » entre les citoyens, par le débat démocratique. Et puis il y a l'autre voie, qui s'enracine plutôt dans les grandes religions, et qu'incarnent de nos jours Emmanuel Lévinas ou Hans Jonas. Celle-là fonde son éthique écologiste sur le respect muet, sur cette idée force qu'on ne peut pas agir à la légère, car rien ne prouve que l'homme, « merveille de la nature », saura, par la seule force de sa raison, préserver ce qui lui a été donné[4]. C'est l'éthique de la responsabilité : « Nous sommes responsables de tout et devant tous, et moi particulièrement », disait Dostoïevski, loué sur ce point par Lévinas. Ce sentiment de devoir répondre de ce qu'on aura détruit s'applique d'abord à autrui. Dans la Bible, après le premier fratricide, Adam et Ève demandent à Caïn : « Où est ton frère ? » Et lui de répondre : « Suis-je donc responsable de mon frère ? » Ce premier jumelage entre « responsabilité » et « fraternité », les écologistes l'étendent à la nature entière, aux générations futures, humaines et non humaines.

L'« écologie profonde » commence par affirmer justement que la nature n'a pas été « donnée » à l'homme, qu'il n'a pas le droit d'en faire ce qu'il veut. Ce respect d'une nature, à perturber le moins possible, est tout de même fondé sur une conscience tout humaine de la beauté de la vie, sur le saisissement de cette conscience par la majesté d'un paysage

4. Cette seconde position a en effet une racine plus « religieuse » en ce sens qu'elle ne se fonde pas en pure raison, mais en contemplation. Cependant, les grandes religions monothéistes sont plutôt « productivistes » : la *Genèse* offre explicitement la Terre à l'homme pour y « croître et multiplier ». Cette tradition productiviste marque en fait totalement l'Occident judéo-chrétien (malgré quelques thèmes antiproductivistes du Nouveau Testament, comme l'apologue du lys des champs), jusqu'à Descartes qui le portera au paroxysme et affaiblira durablement la perméabilité de la France à l'écologie. Le seul antidote serait la revalorisation de Pascal, immense savant et fondateur de la tradition française dialectique et écologiste, mais malheureusement, à nouveau, sous un habillage religieux qui la rend aujourd'hui incompréhensible.

inhabité. Dans la rhétorique de l'écologie profonde, le refus de considérer la nature comme une aire de jeu pour nos fantaisies productivistes, pour notre passion de tuer des bêtes à plumes ou des éléphants, est parfois, il est vrai, présenté comme le devoir de préserver la nature contre une humanité hostile, essentiellement agressive. S'appuyant sur certains discours de ce type prélevés outre-Atlantique, le philosophe Luc Ferry a jeté l'opprobre sur l'écologie profonde, et par extension sur l'écologie politique tout entière, accusée de préférer « comme Hitler » les animaux aux humains : des nazis, en somme. Pourtant, aujourd'hui, les Verts d'Europe sont parfois accusés de se préoccuper davantage des immigrés et des exclus que de leur prétendu métier, « défendre la nature ».

À ce niveau de vulgarité dans le débat, mieux vaut en rire. Rappelons seulement les deux figures tutélaires des Verts de France : Théodore Monod, l'infatigable arpenteur des déserts, et René Dumont, l'ingénieur agronome saisi dès l'adolescence de la passion de nourrir le tiers monde.

Ce sur quoi j'ai voulu insister, à partir de l'exemple du paysage, c'est qu'il n'y a pas une muraille de Chine entre l'écologie sociale et l'écologie profonde. L'apprentissage de l'altérité que nous offre la nature est la base la plus solide du « Tu ne tueras point », et, au-delà, du principe de solidarité comme du principe de responsabilité.

Je me souviens d'un colloque universitaire d'écologie, au Canada. Une femme, Margot Laroque, coauteure de films documentaires sur la vie des grizzlis dans les montagnes Rocheuses, fit un exposé stupéfiant sur une question toute simple : « Pourquoi les parents entourent-ils leurs enfants de petits animaux, en vrai, en peluche, en dessins sur les murs ? » Et, illustrant son exposé de photos d'elle-même enfant, prises par son propre père, elle rappela la thèse psychanalytique du « stade du miroir », quand l'enfant est présenté à lui-même dans les bras de sa mère. Par la familiarité des animaux, l'enfant apprendrait fondamentalement que la vie existe aussi, en dehors de lui, avec ses droits, son autonomie. Ainsi mûrirait en lui le devoir de réserve, de retrait vis-à-vis de ses propres fantasmes de toute-puissance... et le sentiment de solidarité avec tous les vivants, et donc tous les humains.

L'écologie profonde serait-elle la meilleure école de l'écologie sociale ? Quand les Verts sont attaqués haineusement par des chasseurs et traités de « pédés », n'est-ce pas leur engagement féministe, leur engagement aux côtés des sans-papiers qui est visé ? Et plus profondément encore, leur passion de se mêler de tout, d'agir en parti sur des questions que certains s'étaient arrogées comme un acquis (le droit de tuer, de polluer, de violer, de piller...) ?

Pourquoi des partis écologistes ?

Avant de traiter cette question au fond (à quoi servent des écologistes, qu'est-ce qui fonde leur engagement ?), réglons deux questions, à mes yeux secondaires : la nécessité pour des militants écologistes de se mettre en parti *séparé*, et même en *parti* tout court. Beaucoup d'écologistes militants y répugnent, et je les comprends. Cela ne les empêche pas d'être d'excellents spécialistes de l'écologie, et de servir cette cause dans le débat démocratique.

D'abord, si politique écologiste il doit y avoir, doit-elle se constituer en parti ? Cela dépend des traditions nationales. Il y a des pays où chaque nouveau courant de pensée socio-politique se succédant dans l'histoire se constitue en au mieux un parti, au pis en cinquante partis. C'est plutôt la tradition française. Et il y a des pays (c'est plutôt la tradition anglo-saxonne) où un petit nombre de partis changent d'âme au cours de l'histoire. En Grande-Bretagne ou aux États-Unis, il est peu probable que s'affirme un troisième ou un quatrième parti, écologiste, mais l'écologie est un enjeu politique au sein des partis travailliste, démocrate, ou libéral-démocrate. À mon avis, la tradition d'Europe continentale favorise l'émergence des idées nouvelles, qui s'affirment en partis autonomes, avant de nouer des alliances plus larges.

Seconde question : celle que pose la forme parti en tant que telle. J'ai répugné à entrer dans le parti Vert à sa fondation en 1984, car j'étais las de la forme parti ; je m'y suis résigné en 1988, car, si l'on croit qu'il faut faire une politique écologiste, alors, en France, il faut entrer dans un parti, car c'est ainsi qu'y fonctionne la vie politique. Mais je savais très bien à quoi je devais m'attendre. Il y a une sorte de péché originel de tout parti, dont aucun courant n'est exempt. Cela tient à la structure du pouvoir, mais aussi à celle de l'esprit humain : toute mystique tend à dégénérer en religion, puis en bureaucratie, puis en simple enjeu de pouvoir. On peut inventer des moyens d'enrayer ce processus, le ralentir, parfois le renverser, mais c'est une tendance inévitable. Le mouvement socialiste a connu les mêmes problèmes : relisez les thèses de *Socialisme ou Barbarie* dans les années cinquante. Les écologistes ont essayé quelques mesures : parité hommes-femmes, non-cumul des mandats, etc. Cela donne des résultats certains, mais diminue l'efficacité sur le champ politique. Et il faut sans cesse faire un arbitrage.

Mais la question essentielle où je voulais en venir est la suivante : y a-t-il un « paradigme » de l'écologie politique ? L'écologie définit-elle un *faisceau de valeurs, d'objectifs*, distinct de celui que proposent les autres courants (les libéraux, les démocrates, les socialistes...), et capable de coaliser autour d'elle un certain nombre de forces sociales aspirant à des réponses nouvelles aux questions se posant à l'ensemble de la société ?

Je réponds : oui. D'abord, on peut se contenter d'un constat empirique : certains problèmes, au début des années quatre-vingt, n'étaient tout simplement pas ou plus pris en compte par aucune force politique. Et parfois, même plus par les forces dont c'était le « fonds de commerce ». Quand les « démocrates » ne se préoccupent plus des droits de l'homme, ni les « socialistes » de la question sociale, quand de nouveaux problèmes, posés par de nouveaux mouvements sociaux (féministes, régionalistes, environnementalistes), ne sont pas repris par les forces traditionnelles, alors cette demande politique suscite une nouvelle offre politique. Comme la fonction crée l'organe, le vide de l'offre politique antérieure suscite dans toute l'Europe la création de partis Verts, qui connaissent en Allemagne leurs premiers succès.

Cette analyse explique à 90 % la formation de ces partis... et leurs difficultés. Il suffit que, dans tel pays, un parti progressiste traditionnel soit un peu moins obtus (ou résigné) que ne l'ont été les social-démocraties flamande, wallonne, française ou allemande, et déclare de façon convaincante : « Venez chez nous, c'est ici que ça se passe », pour que l'espace d'un parti Vert soit presque nul. C'est, semble-t-il, le cas de l'Italie. Inversement, la violence de la répression des pratiques alternatives sous Helmut Schmidt rendait nécessaire la création d'un parti « démocrate-radical » allemand dès les années soixante-dix : et celui-ci se nomma « Vert-Alternatif ». De même en France, après le « tournant de la rigueur » du Parti socialiste en 1983 (en fait : le tournant vers le libéralisme économique), la création en 1984 du parti Vert était presque inévitable. En revanche, dans les années soixante-dix, le PS et le PCF avaient été capables d'absorber tout le « gauchisme culturel ». Cette capacité d'absorption des aspirations nouvelles, écologie politique comprise, s'évanouit avec leur arrivée au pouvoir.

Premier type d'explication, donc, l'apparition d'un courant d'écologie politique d'« opportunité » en quelque sorte : un courant où l'on va chercher ce que les autres ne font pas... Aujourd'hui, que la gauche traditionnelle soit au pouvoir avec les écologistes ou avec eux dans l'opposition, ce qui réduit l'espace de l'écologie politique, on voit affluer dans les partis Verts des militants simplement déçus de ne pas trouver dans la gauche traditionnelle ce qu'ils y avaient cherché. Mais, si l'on s'en tenait à cette analyse, alors il n'y aurait pas de paradigme écologiste. Il n'y aurait qu'un parapluie social-démocrate (ou « postmoderne ») radical.

Aussi avancerai-je un second argument, plus profond, et qui correspond à ma propre expérience politique. Tout simplement la conception du progrès que portent les écologistes n'est pas la même que celle que portait le « socialisme du XXe siècle », ce qu'il y avait de commun aux sociaux-démocrates et aux communistes (staliniens ou critiques). Tous les courants qui se sont coagulés autour de l'« écologie politique » se caractérisent par l'antiproductivisme et l'anti-étatisme. C'est ce que Patrick Viveret avait, dans les années soixante-dix, appelé *La Galaxie des « auto »*. Du féminisme au régionalisme et au syndicalisme autogestionnaire, il y avait le refus des méga-outils incontrôlables (machines ou États...), la volonté de prendre ses affaires en main, à partir de sa propre condition. Parallèlement, il y avait une critique de la « rationalité instrumentale », qu'incarnaient Bernard Charbonneau, Jacques Ellul ou André Gorz, et qui se cristallisait socialement dans le refus de « la croissance pour la croissance » (et notamment du nucléaire), puis, face à la crise, dans le refus de sortir du chômage par la seule croissance, dans l'option pour le partage du travail et un réexamen radical des « besoins ». En un mot, poser la question du *sens*.

Dès lors, l'écologie politique est irréductible à *cette* gauche qu'incarnent la social-démocratie et le communisme. Elle leur dit : « Nous sommes, vous et nous, des progressistes, en ce sens que nous souhaitons l'amélioration des conditions de vie de tous, et pas seulement d'une minorité. Mais notre conception du *mieux* n'est pas la même ! » Cette conception du « mieux », c'est celle que nous avons évoquée au chapitre premier : la nécessité d'un développement soutenable.

Si l'on accepte ce point de vue, alors il y a une légitimité de très long terme pour l'écologie politique. Et cela aussi bien en France qu'aux États-Unis, dans les pays de multipartisme comme dans les pays de bipartisme : que l'on crée de nouveaux partis ou que l'on se batte dans les vieux partis, il y a place pour une écologie politique regroupant un ensemble d'aspirations sociales dans un projet commun.

Et puis il y a troisième niveau de la question. À part le fait que les Verts s'occupent entre autres de protection de la nature, et visent au plein emploi et au bien-être dans le respect des écosystèmes, est-ce que ce qu'on appelle « écologie » dans les sciences a quelque chose de culturellement commun avec ce mouvement antiproductiviste, anti-étatiste, d'auto-expression sociale qui adopta le nom d'*écologie politique* ? Je réponds oui, et je dis que ce n'est pas nouveau. Car tous les mouvements politiques apparus dans l'histoire ont correspondu à des mutations plus larges de la culture, qui avaient elles-mêmes, sinon leur origine, du moins leurs correspondances dans la pensée scientifique. Sans vouloir trancher le débat en causalité, je constate cette concomitance entre transformations dans le champ des sciences, de la philosophie morale et de la politique. L'apparition du libéralisme politique au XVIIIe siècle est liée à celle du libéralisme économique, mais aussi aux sciences mécaniques. L'apparition de l'économie politique (c'est-à-dire la macroéconomie, par exemple chez Ricardo) est liée à l'apparition du mouvement socialiste au XIXe siècle, mais aussi à des évolutions dans les sciences physiques (comme la thermodynamique). Le développement de la social-démocratie (c'est-à-dire l'idée d'un compromis régulé, « domestiqué » entre les classes sociales) est lié au développement de la sociologie.

Qu'en est-il du contexte de l'émergence de l'écologie politique ? Du côté « antiproductiviste », nous avons le recul de la conception linéaire de l'histoire, celle de la mécanique ou même de la thermodynamique classique, avec l'apparition des notions de bifurcations, d'évolution chaotique, mais aussi d'attracteurs stabilisés. Du côté « autonomie », on retrouve les idées de la nouvelle thermodynamique : « ordre à partir du bruit », « structures dissipatives ». Regardez l'*Organum* de l'édition de l'*Encyclopaedia Universalis* du début des années soixante-dix : dans ce recueil des idées de l'époque, on trouve René Thom, Prigogine, Atlan, etc. C'est-à-dire un ensemble de penseurs des sciences dites exactes dont les préoccupations convergent autour des idées d'auto-organisation, du seuil d'instabilité, etc. : des concepts fondamentalement liés à ceux que mobilise l'écologie. J'insiste : liés aussi bien à l'écologie générale des sciences naturelles, à l'écologie mathématique, qu'à l'écologie politique comme mouvement d'idées. Car naturellement cette « nouvelle culture » commence par se décanter en philosophie politique avant même de se cristalliser en force sociale, comme parti, voire comme programme politique.

Ce travail de la pensée, qui est un mouvement historique, social, s'effectue évidemment d'abord sur la notion de « progrès ». Les trois piliers du « progrès » pour la vieille gauche, ceux de la République : « Liberté-Égalité-Fraternité », ne sont certes pas reniés. Ils sont retravaillés, non plus sous l'éclairage du libéralisme individualiste et mécaniste des XVIIIe et XIXe siècles, non plus sous l'éclairage « énergéticien » et macrosocial des XIXe et XXe siècles, mais à partir de ces nouvelles idées « auto-organisatrices ». Ainsi :

– la *liberté* devient *autonomie*, capacité de maîtriser sa propre trajectoire à l'échelle de l'individu ou d'un groupe autoconstitué ;

– l'*égalité* devient *solidarité*, rapport conscient et réflexif de chacun à tous les autres ;

– la *fraternité* devient *responsabilité* de chacun envers tout et devant tous, prise de conscience des conséquences pas toujours maîtrisées de ses propres actes, à l'autre bout du monde et pour les générations futures.

Ce détour par le rapport très profond qu'entretiennent l'évolution des sciences, la conception du monde et des idéaux politiques pourra surprendre. Ne serait-il pas plus simple de poser : certains processus de la biosphère deviennent inquiétants, les sciences s'en mêlent, il se développe une écologie scientifique, et des esprits éclairés en tirent les conclusions en manière de gouvernement des humains ? Cette conception technocratique de l'écologie existe, n'en doutons pas. Mais je dirai qu'elle constitue, plus qu'une écologie politique, une trace, dans le domaine spécifique de la « politique de l'environnement », des modes de pensée et d'action hérités d'un âge révolu (productiviste et étatiste, justement). Plus qu'une réponse au défi d'une nature mal maîtrisée, l'écologie politique contemporaine se mûrit contre le trop-plein du productivisme et de la technocratie ; elle tire sa sève d'une volonté de vivre ensemble, en harmonie dans la cité, et avec la nature.

Il n'en fut pas toujours ainsi. L'écologie politique a une histoire, depuis les temps préhistoriques, parce que l'humanité elle-même a une histoire. Il importe de la connaître, même à grands traits. Parce que la compréhension du passé est le guide le plus sûr pour affronter un futur inconnu, et parce que surtout, dans notre monde déchiré par le développement inégal, les problèmes écologiques du passé perdurent et resurgissent, se mêlant à des crises « postmodernes ».

3

Pour une histoire des crises écologiques

S'il est vrai que le rapport entre les humains et leur territoire passe par la médiation de leur forme d'organisation sociale (le « deuxième sommet » de notre triangle), alors l'histoire des crises écologiques rencontrées par l'humanité va dépendre de l'histoire des sociétés. Elle en sera la trace, mais aussi le moteur. C'est pour éviter, ou pour se sortir, des crises écologiques (qui jusqu'au siècle qui s'achève à présent étaient essentiellement des *famines*), que les humains ont inventé le « progrès ». Le drame du XXe siècle, c'est que le progrès apparaît dorénavant comme une *menace*. Auschwitz et Hiroshima, Tchernobyl et la déchirure de la couche d'ozone, la crise de la vache folle annonçant les catastrophes promises par les organismes génétiquement modifiés, nous révèlent ceci : bien qu'elle ait su dompter toute chose, la « merveille de l'univers » ne sait guère choisir la route du Bien et du Mal. Et la mort se tapit au fond du progrès.

Apprendre à domestiquer le progrès lui-même implique de bien le connaître et de bien connaître ses dangers. Pour cela, il faut sortir de l'optimisme béat des technocrates, mais aussi du catastrophisme antitechnicien. Il faut se faire au moins une idée, à grands traits, des deux versants du « progrès » : solution aux crises, et facteur des crises écologiques. C'est pourquoi nous allons ici esquisser une « histoire écologique » de l'humanité, pour mesurer combien, de mauvais rapports entre l'homme et l'environnement, découlent le plus souvent, et de plus en plus, de mauvais rapports entre les hommes (et les femmes) eux-mêmes.

Des crises de rareté aux crises socio-écologiques

Partons de la société d'avant la révolution néolithique. La néolithisation est le processus par lequel, depuis douze mille ans, les humains ont appris à cultiver des plantes, élever des animaux, écrire, et fabriquer des cités. Les sociétés paléolithiques sont déjà des sociétés, mais des sociétés qui chassent et qui cueillent. Autrement dit, les humains y considèrent l'environnement comme un extérieur qui contient la nourriture potentielle, et ils doivent se battre pour prélever sur cet environnement naturel de quoi manger et s'abriter. Donc ils ne sont pas encore très loin de la situation des renards par rapport aux lapins. Leur écologie obéit à la même loi « prédateur-proie » : c'est une écologie qui dépend de la *capacité de charge* du territoire considéré, c'est-à-dire de la quantité d'êtres humains que peut nourrir un territoire, pour des techniques de chasse et de cueillette données. S'ils prélèvent trop, la capacité de charge du territoire baisse, et soit ils sont contraints de migrer, soit ils sont décimés par la faim. L'amélioration des techniques de chasse permet de se rapprocher du plafond de charge d'humains sur un territoire, mais au risque de le dépasser, car elle n'augmente pas la quantité de gibier sur ce même territoire. D'où la nécessité du nomadisme pour ces peuples : manière de s'adapter, par des déplacements de population, aux changements de l'environnement, soit qu'ils dérivent des très lentes fluctuations climatiques (comme le cycle des glaciations), soient qu'ils résultent de la pression humaine elle-même.

L'exemple de la société paléolithique montre d'une façon très simple le type de crise écologique correspondant à une certaine organisation sociale. La migration, à la recherche d'autres territoires, est la seule solution. Comme toute organisation humaine structurée en rapports sociaux, cette écologie politique très spéciale se régule par des *crises*. La crise est une situation dans laquelle il n'est plus possible de poursuivre comme avant, mais on ne sait pas encore ce que l'on va faire. Ce que résume une belle formule de Gramsci : « L'ancien se meurt, le nouveau ne parvient pas à voir le jour. » Toute organisation se régule soit par de *petites crises* (l'ancien se meurt, mais l'on sait à peu près ce que sera le nouveau, la façon de sortir de la crise est connue ; en l'occurrence, il suffit de migrer), soit par de *grandes crises* : le nouveau est totalement insoupçonnable. Les grandes crises sont les plus dévastatrices, mais aussi les plus intéressantes, puisqu'elles ne se résorbent qu'au moyen d'une *invention.*

Les crises paléolithiques sont des *crises de rareté.* On peut toujours migrer, mais on tombera toujours sur des territoires aux capacités limitées. L'« invention » historique – et l'invention de l'Histoire – c'est de se sédentariser dans un territoire... pour améliorer sa capacité de charge. C'est sous doute à la suite d'une série de crises de plus en plus graves que s'est opéré le passage au néolithique. *Cultiver* des plantes et *élever* des animaux domestiques sont les deux mamelles du néolithique. Une vraie révolution intellectuelle : passer de l'idée qu'il suffit de « prélever sur l'environnement », à l'idée qu'il faut « améliorer l'environnement », de façon à ce que, dans l'avenir, il soit plus productif. Améliorer les bêtes pour qu'elles produisent plus de lait, et qu'elles fassent leurs petits au sein du troupeau. Améliorer les plantes pour qu'elles soient plus riches. C'est donc la capacité de charge du territoire lui-même qui se trouve renforcée, par une première *artificialisation* de l'environnement naturel.

De surcroît, cette révolution va renforcer la capacité des sociétés humaines à se différencier, et permettre l'avènement de la *cité,* l'apparition de sous-groupes dans les communautés humaines où des gens s'adonneront à des activités autres que la culture de la terre : compter, commander, faire des sacrifices, etc. Cette différenciation sociale est distincte de la différenciation paléolithique (dans laquelle le chef était celui qui se révélait le meilleur à la chasse)[1]. Certaines classes

1. Nous ne discuterons pas ici de l'évolution des rapports hommes-femmes. L'idée d'un « matriarcat » fondé sur le pouvoir de reproduction, qui aurait précédé le

sociales, dispensées de l'activité de production, peuvent dorénavant vivre du produit du travail des autres, en échange de services souvent réels. L'État apparaît parce qu'il rend des services à la société : répartir l'eau, établir des cadastres... Mais ce « service » confère à ces classes un droit le plus souvent abusif sur le produit de la communauté. Dès lors, un *deuxième type de problèmes écologiques* se développe, qui ne dépend plus seulement de la capacité de charge d'un territoire (laquelle a pu augmenter grâce aux nouvelles techniques), mais qui dérive du prélèvement croissant, opéré sur cette capacité, par des gens qui ne produisent pas. Aux crises écologiques de rareté (résultant de la confrontation de la démographie et de la capacité de charge de l'environnement), se superposent des crises résultant d'un mauvais rapport dans la *distribution sociale* des richesses produites.

Les crises écologiques deviennent alors plus complexes. Aux crises de rareté, qui continuent (et se prolongent de nos jours dans certaines parties de l'Afrique, par exemple), se superposent des crises *sociales*, inextricablement. Ainsi, certains historiens ont imaginé une explication écologique du surgissement et de la disparition de cités mayas dans la forêt méso-américaine. Au centre, une cité régie par des prêtres organise l'exploitation d'une vaste clairière défrichée par des paysans. Le surplus agricole permet de financer la construction de temples, de pyramides : la Cité croît et embellit. Mais les paysans doivent défricher un cercle toujours plus vaste pour alimenter la Cité. Jusqu'au jour où la Cité, suspendue à la capacité de charge d'une clairière aux lisières trop lointaines, s'effondre d'épuisement. Une autre cité se forme un peu plus loin. On reconnaît une forme de cycle de Lotka-Voltera (les renards et les lapins...), mais où la caste des

---

patriarcat (lequel, à coup sûr, se renforce dans le néolithique tardif et triomphe dans les cités) est contestée. Ce qui est sûr, c'est qu'à partir de l'âge du Bronze les femmes sont reléguées, jusqu'aux temps actuels, dans le rôle de servantes « domestiques » (la maison au sens strict), tandis que l'*oikos* et la cité elle-même passent sous la direction exclusive des hommes.

prêtres joue le rôle du prédateur trop vorace. Cette fois, la crise de rareté dérive tout autant des rapports sociaux que de la fertilité insuffisante de la terre...

Encore plus typique est « la grande fluctuation biséculaire », qui se déclenche autour de 1346, pour deux siècles, en Europe. Cette crise éclate à l'arrivée de la Grande Peste, précisément au moment où l'Europe est parvenue à la complète saturation de sa capacité de charge, compte tenu des techniques agraires disponibles, et compte tenu du prélèvement par les non-travailleurs : en l'occurrence, des seigneurs qui emploient leur temps à faire la guerre. Cette Grande Peste va frapper une paysannerie très affaiblie par les limites physiques de ses « finages » (les espaces défrichés autour des villages), et soumise à de lourds versements aux seigneurs. En quelques années, l'Europe perd plus de la moitié de sa population, et il lui faudra deux siècles pour revenir au niveau de population de 1346. C'est un exemple de crise économico-écologico-socio-démographique. Pour des rapports de production donnés (le féodalisme, avec ses rentes en nature ou en travail), pour des techniques connues (l'araire, la culture sur brûlis, la vaine pâture), la capacité de charge des finages européens était dépassée, de sorte que la population humaine, extrêmement affaiblie, s'est effondrée sous l'agression d'une autre espèce (le microbe de la peste). Mourir est d'ailleurs une forme atroce de réaction à la crise : la population a diminué, au point que la peste n'a plus pu se diffuser, et que la capacité de charge de la terre d'Europe est redevenue largement suffisante, ouvrant les portes de la Renaissance.

Cette grande crise a profondément modifié les techniques de production et les rapports sociaux. La charrue de fer, l'association polyculture-élevage (les déchets du bétail servant d'engrais au blé), autant de progrès considérables, qui ont pris la forme d'un *travail dépensé pour améliorer la terre elle-même.* Une « révolution dans la révolution néolithique » en quelque sorte ! Une part croissante de l'activité servant à « bonifier » l'environnement, le rapport entre activité et environnement est devenu plus « soutenable ». Mais le développement de ces techniques suppose que les paysans soient certains que le travail de « bonification » qu'ils fournissent leur reviendra sous une autre forme : celle d'une plus grande quantité de produits, qu'ils consommeront ou vendront. Ce qui implique de limiter le prélèvement des seigneurs. De fait, la révolution de la Renaissance implique le passage de la rente en nature ou en travail à la rente en argent, le passage du métayage au fermage. C'est ce phénomène qui enclenche le processus de progrès continué jusqu'au XIXe siècle : la « révolution agricole » des temps modernes (XVIe-XVIIIe siècles).

Mais je n'ai présenté que le bon côté des choses : la face de cette révolution qui s'est exercée contre les seigneurs, contre les prédateurs. On oublie souvent qu'elle s'est aussi exercée contre les paysans eux-mêmes. Car la paysannerie de l'époque féodale travaillait deux types de terres : celles du seigneur, et celles de la communauté villageoise (les *communaux*). Or il est clair que des paysans qui acceptent de bonifier la terre exigent que, quelques années plus tard, ce soit bien eux qui la cultivent. Pour cela, il faut en finir avec l'idée des biens « communaux ». Les fermiers qui vont opérer la révolution agricole des temps modernes sont des gens qui se battent pour abolir, « enclore » les biens communaux. Évidemment, ce sont les plus riches, les « riches laboureurs », ceux qui ont les moyens de bonifier la terre, qui vont enclore à leur profit les biens communaux. Les autres, quant à eux, pourront dans un premier temps aller travailler chez les paysans riches : c'est la formation du « prolétariat agricole ».

Mais plus se développe la productivité du travail agricole, moins les fermiers ont besoin d'ouvriers agricoles pour travailler leurs terres. On voit alors se développer (au XVIIIe siècle en France, plus tôt en Angleterre) non seulement un prolétariat agricole, mais aussi un prolétariat urbain. Des commerçants et artisans commencent à embaucher ces « prolétaires », qui n'ont rien d'autre à vendre que leurs bras : ils n'ont ni terre, ni métier à tisser, mais ils sont disponibles. La façon dont a été résolue la grande fluctuation biséculaire, cette grande crise écologique, a ouvert un nouveau destin à l'Europe, celui de la *révolution capitaliste* dans l'agriculture puis dans l'industrie (les industries du textile et de la construction, dans un premier temps).

Le capitalisme est constitué de rapports sociaux compliqués. Les entrepreneurs ont de l'argent, grâce auquel ils peuvent embaucher les prolétaires. Ainsi, ils échangent de l'argent contre du travail et, par ailleurs, se chargent de la vente des produits. L'entrepreneur assure la médiation entre le producteur et les clients. Il assume le risque de vendre ou de ne pas vendre, mais exige en contrepartie le droit de fixer le salaire et d'organiser le travail. Le capitalisme est dès lors susceptible d'évolutions encore plus rapides et spectaculaires que le féodalisme. Le féodalisme, on vient de le voir, a traversé plusieurs étapes : la rente en corvées, la rente en nature, la rente en argent. Mais, en deux siècles, le capitalisme connaît des modèles de développement encore plus nombreux et plus variés, selon les pays et les époques[2].

Dès le XVIIIe siècle, le « progrès » impulsé par le capitalisme, rural ou urbain, va précipiter la croissance de la capacité de charge de ses territoires. Il faudra, chaque année, de moins en moins de travail pour nourrir, loger, vêtir la population. L'invention de la machine à vapeur et de multiples « métiers mécaniques » accélère cet immense mouvement de croissance de la productivité du travail. Il le fait en consommant chaque année plus d'énergie pour produire la même quantité de froment, de tissu. Mais l'énergie semble inépuisable : le charbon remplace le bois, le chétif moulin à eau sera bientôt remplacé par la turbine électrique. Les limites de la capacité de charge « naturelle » semblent repoussées au-delà de l'horizon. Les crises de rareté « naturelles » (dues au climat et aux mauvaises récoltes)

2. Sur le concept de « modèle de développement », voir mes livres, par exemple *Choisir l'audace, op. cit.*

s'effacent. En France, la dernière provoquera la révolution de 1848. Les crises écologiques s'artificialisent encore : c'est l'appât du gain qui les provoque, alors même que « la terre nourrit son homme ». Même les microbes empruntent les navires des conquistadores pour aller ravager les Amériques soumises à l'esclavage.

À partir des temps modernes, les crises écologiques apparaissent totalement subordonnées à l'économie, et à sa double face. En tant qu'organisation rationnelle de la production, celle-ci se manifeste comme la promesse d'une émancipation définitive de la rareté. Mais, en tant qu'organisation politico-sociale fondée sur l'intérêt privé régulé par le marché (se mondialisant alors avec une violence qui fait apparaître la « globalisation » actuelle comme une simple anecdote), elle se présente comme un fléau plus impitoyable encore que la météorologie. Les grandes catastrophes qui se succèdent depuis le XVIe siècle (la « destruction des Indes occidentales » par la colonisation, le ravage de l'Afrique par le commerce de traite, la famine irlandaise, etc.) ne peuvent plus être imputées à l'excès de la charge humaine sur les écosystèmes, mais à l'excès de la charge de certains groupes sociaux sur les multitudes humaines.

Dans les métropoles de la « première révolution industrielle », le scénario est toujours le même : les riches voient affluer des gens totalement démunis, qui se mettent à leur service. Première étape d'une « accumulation primitive du capital », où de gros marchands ou de gros artisans peuvent surexploiter, sans vergogne, les prolétaires salariés. Comme il y a une offre de travail que les économistes du tiers monde appelleront « lewissienne » (en l'honneur du théoricien Arthur Lewis), c'est-à-dire une offre de bras qui semble infinie, le salaire contre lequel s'achète la force de travail peut être dérisoire. Le premier type de crise écologique que rencontre l'espèce humaine régie par le capitalisme primitif vient tout simplement du fait que le salaire ne permet pas à la plupart des salariés de se reproduire correctement. D'ailleurs, les premiers à dénoncer le capitalisme ne sont même pas les ouvriers (qui n'en peuvent mais !) mais, en Angleterre, les sergents recruteurs. Dès le début du XIXe siècle, ils signalent que, dans tel ou tel canton, la pression des entreprises sur le marché du travail (pour reprendre l'image de la charge des chasseurs sur leurs territoires giboyeux) est telle que, à dix-sept ou dix-huit ans, les garçons sont incapables de porter les armes. Le capitalisme compromet donc la possibilité de recruter une armée anglaise efficace ! Et pour ceux qui survivent, le mariage est devenu impossible.

Assez vite, dans la première moitié du XIXe siècle, les sergents recruteurs sont rejoints par les médecins qui réclament la fin de la surexploitation, notamment des enfants dans les mines de charbon, et la reconstitution des liens familiaux[3]. D'une certaine façon, ces médecins philanthropes, ou « hygiénistes », appuyés par les premiers militants du mouvement ouvrier, sont *les écologistes de la première révolution industrielle.* Ils vont chercher à défendre les corps humains contre la machine et le capital. Dans les usines, contre l'insalubrité des usines, qui broient les chairs, asphyxient les poumons, martyrisent les enfants. Et hors de l'usine, contre l'insalubrité des taudis et des bidonvilles, que ravagent les maladies infectieuses, menaçant même les quartiers bourgeois...

Il y a là un point très intéressant, que je retrouve aujourd'hui dans les pays « émergents » du tiers monde : très souvent, quand on me présente comme « écologiste » le maire d'une

---

3. Le rapport homme-femme sera, tout au long de l'histoire humaine, « adapté » aux autres formes de production. Ainsi, le capitalisme utilise le statut subordonné de la femme tantôt pour stabiliser le salariat, tantôt pour obtenir un salariat particulièrement flexible : c'est le sort des « Fantines » (l'héroïne des *Misérables*) dans la révolution industrielle, comme des « nouvelles Fantines », hyperflexibles, contraintes à des contrats à temps partiels annualisés dans le commerce et la grande distribution (voir *La Société en sablier).* Ce caractère sexué de toutes les formes d'organisation humaine est parfois explicite (comme sous les trois premières républiques françaises, qui excluent les femmes des droits politiques), parfois implicite et justement masqué par un « universalisme abstrait ». C'est pourquoi les mouvements Verts européens ont avancé, dès les années quatre-vingt, l'exigence de parité.

ville, au Mexique, au Pérou, au Brésil, il est médecin, et son conseil municipal est principalement composé de syndicalistes. Leurs premiers combats sont toujours les mêmes : contre le travail des enfants, contre l'insalubrité des bidonvilles.

Ainsi, lorsque le capitalisme devient l'organisation dominante de l'activité, il se heurte à une crise très spécifique : il a omis de se doter de règles qui obligent l'entrepreneur à payer au moins assez bien son salarié pour qu'il puisse se reproduire, lui ou elle, avec sa famille. Le libéralisme économique, c'est-à-dire la liberté du commerce de la force de travail comme des marchandises, a engendré sa propre forme de crise écologique. Il engendre aussi sa propre forme de crise économique : la surproduction. Mieux on exploite les salariés, plus on dégage de profits, et plus on investit, et donc plus on produit... jusqu'à ce que la production excède la demande effective : et c'est la crise. Le marché, devenu force aveugle, entraîne dans sa crise, selon les mots de l'anthropologue Karl Polanyi, « la terre, le travail et même la machine ».

Face à ces crises, la société invente à nouveau. Sous la pression des hygiénistes et des syndicalistes, on commence par limiter le temps de travail des enfants, de façon à ce que les entrepreneurs soient obligés de payer correctement les parents, jusqu'à ce que les enfants aient fini leur croissance. C'est le combat des plus « éclairés » des capitalistes, ceux qui recherchent la soutenabilité du capitalisme, et des plus éclairés des syndicalistes, ceux qui recherchent la soutenabilité du salariat. Un combat de la société contre la « force aveugle du marché », qui parvient à imposer progressivement la soutenabilité physique du salariat, avec, au-delà de l'interdiction du travail des enfants, plus généralement la *limitation du temps de travail*, la retraite, et la lutte contre l'insalubrité des taudis (les deux grands axes des luttes sociales des années 1840-1920 en Europe). Mais la dictature du marché compromet toujours la soutenabilité du capital.

Dans les années trente, la réflexion des plus intelligents des capitalistes, industriels ou banquiers (Ford, Keynes), les conduit à comprendre que, dans la logique du capitalisme, le but principal étant de vendre des marchandises, il faut créer le plus grand nombre possible de clients. Or, selon le mot d'Henri Ford, « la classe laborieuse étant la classe la plus nombreuse, il faut qu'elle devienne une classe aisée pour permettre l'écoulement de notre production de masse ». L'idée de Ford, largement partagée bien sûr par les syndicats, était d'augmenter les salaires des ouvriers. Or le « libre jeu des forces du marché » l'interdisait. Cette insoutenabilité du capitalisme libéral conduisit à la Grande Crise de 1930, au fascisme et à la Seconde Guerre mondiale.

Les crises écologiques de notre temps

La Grande Crise des années trente marque le paroxysme de cette autonomisation des forces potentiellement dévastatrices de l'économie de marché, et la « Grande Transformation » analysée par K. Polanyi, cette tentative de prise du pouvoir de l'État sur le marché, dans les années trente et quarante, *via* le stalinisme, le fascisme, ou la social-démocratie, signifie la révolte de la société mondiale contre cette puissance dévastatrice[4]. La Seconde Guerre mondiale débouchera sur une « domestication » de l'économie, la stabilisation d'un nouveau modèle de développement, et l'émergence du concept même de « développement économique ». Ce modèle de développement de l'après-guerre, appelé « fordisme », reposait sur trois piliers :

– une organisation scientifique du travail (le taylorisme), définie par les ingénieurs, s'appuyant sur l'automation et la production de masse et caractérisée par des gains impressionnants de la productivité apparente du travail ;

4. Karl Polanyi, *La Grande Transformation*, traduction française Gallimard, Paris, 1985.

– une distribution de ces gains de productivité aux travailleurs, leur accordant l'accès à une consommation de masse, et, en soutenant ainsi la demande effective, leur garantissant le plein emploi;

– un dense réseau de conventions collectives et de législations sociales, avec un puissant système d'État-providence, garantissant ce parallélisme de la production de masse et de la consommation de masse. Ce mode de régulation adossé à l'État était légitimé par un nouveau sens civique prenant en compte la « question sociale ».

Pendant trente ans (1945-1975), ce modèle semble avoir éliminé non seulement les crises économiques, mais les crises écologiques résultant soit d'une insuffisante productivité de la terre et du travail, soit d'une insatisfaisante distribution du produit. L'enjeu des années d'après-guerre fut la garantie de pouvoir, non seulement survivre, mais « bien vivre », le « bien vivre » étant réduit à « consommer de plus en plus ». Ce « bien vivre » était sans doute un « mal vivre » : il impliqua une destruction des communautés populaires que vantait le réalisme poétique de Renoir, Prévert et Carné, la destruction de toute une culture ouvrière où l'on ne vivait « pas si mal ». Mais grâce aux conquêtes sociales de l'après-guerre, le temps des guinguettes est remplacé par le temps de la télévision. L'habitude est prise de mesurer le bonheur de vivre à la croissance du pouvoir d'achat. Cette nouvelle révolution permet de résoudre l'un des problèmes fondamentaux du capitalisme, celui du client, puisque désormais la production capitaliste est vendue principalement aux salariés eux-mêmes.

Le fordisme entre pourtant en crise dans les années soixante-dix, par suite d'une nouvelle poussée de la globalisation (qui ébranle le « troisième pilier ») et l'épuisement du modèle taylorien d'organisation du travail (qui érode le « premier pilier »). Face à cette double crise, les pays capitalistes les plus riches ont divergé depuis vingt ans : les uns recherchent la solution dans un retour au libéralisme, au libre jeu des forces du marché, les autres recherchent plutôt une certaine continuité avec le « capitalisme domestiqué » de l'après-guerre et comptent sur la « mobilisation des ressources humaines » pour relancer la productivité du travail et du capital. Cette divergence se retrouve dans un engagement plus ou moins fort à l'égard des nouveaux problèmes écologiques.

Car la révolution fordiste a débouché sur de nouveaux types de crises écologiques. D'abord, l'artificialisation accélérée de l'environnement, entraînée par l'automatisation, accroît le risque de dysfonctionnement de ce monde artificiel lui-même (pannes, accidents). Avec la révolution informatique, le « cybermonde » atteint une telle autonomie que le langage de la biologie est mobilisé pour évoquer ses crises écologiques virtuelles : « *bug* (cafard) de l'an 2000 », « virus informatiques »...

Mais surtout apparaissent les crises de la *surconsommation*, dont les symboles sont l'embouteillage et la destruction de l'environnement. Le discours de la « protection de l'environnement », désormais porté par d'autres que les syndicalistes, est nouveau. Au début du capitalisme industriel, on l'a vu, médecins hygiénistes et syndicalistes font naturellement alliance. Dès lors que le minimum est obtenu (interdiction du travail des enfants, éradication des taudis) et que l'arbitrage se fait de plus en plus clairement entre « travailler moins » et « gagner plus », « prendre moins de risques » et « toucher une prime de risque », etc., on voit se dissocier, d'une part, le médecin, l'hygiéniste, l'écologiste, et d'autre part, un certain type de syndicalisme. Un syndicalisme « de la feuille de paye », prêt à accepter une régression sur la qualité de la vie, en échange du pouvoir d'achat.

C'est la raison pour laquelle, autour de 1970, qui marque le paroxysme de l'époque fordienne, se développe une écologie politique, non seulement indépendante du mouvement ouvrier, mais même, souvent, contre lui. Aux États-Unis, en Allemagne, en France, en Italie, une divergence majeure se développe entre ceux qui luttent pour un meilleur salaire, et ceux qui luttent pour un meilleur travail, entre ceux qui veulent plus de primes et ceux qui veulent moins de pénibilité, entre ceux qui revendiquent l'« emploi, à n'importe quel prix » et ceux qui refusent une usine polluante.

Cette divergence est significative, parce qu'elle permet, contrairement aux combats communs des hygiénistes et des syndicalistes, de distinguer les deux aspects de la « soutenabilité ». On commence vraiment à prendre conscience du fait qu'une société qui satisfait immédiatement les besoins essentiels (donc : « soutenable » au premier sens du mot) peut être dangereuse, parce qu'elle empoisonne les nappes phréatiques, parce qu'elle rend ingérable la croissance urbaine, parce qu'elle peut rendre impossible la vie de précieuses espèces dans quelques générations, parce qu'elle aggrave le sort des humains à des milliers de kilomètres. Ces *crises écologiques de surconsommation* ont des effets d'abord locaux (les embouteillages, la contamination de l'air, le bruit, la destruction des paysages ruraux, etc.), contre lesquels déjà l'écologie politique, comme mouvement social, se mobilise dès les années soixante. Puis, dans les années quatre-vingt, on prend conscience des crises « globales » : pluies acides, érosion de la couche d'ozone, dérive de l'effet de serre. Dans ces crises *globales*, les « responsables » d'un développement insoutenable peuvent vivre dans une société (en Europe, aux États-Unis à la fin du XXe siècle), alors que les « victimes » vivent dans une autre (au Bangladesh, au milieu du XXIe siècle). Nous reviendrons sur cette distinction essentielle.

Cette prise de conscience relativise d'ailleurs les succès mêmes de l'« économie sociale de marché » promise dans l'Europe d'après-guerre par la démocratie chrétienne et par la social-démocratie. Ce modèle de développement, variante européenne du fordisme, était un « bon » compromis capital-travail, en dépit de toutes les critiques culturelles qui pouvaient lui être adressées en son zénith. Il méritait seulement d'être « amélioré », pensait-on. Or on s'aperçoit aujourd'hui qu'il était strictement intenable. Par exemple, la destruction de la couche d'ozone a lieu aujourd'hui, alors que depuis plusieurs années il est interdit de dégager des chlorofluorocarbones dans l'atmosphère : ces molécules de gaz chlorées ont été émises, dans l'hémisphère Nord essentiellement, vingt ans auparavant. Quant au principal des gaz à effet de serre, le gaz carbonique, il reste plus d'un siècle dans l'atmosphère. Tout le gaz carbonique émis depuis la révolution industrielle est encore là. Le gaz émis entre 1945 et 1975 sera dans l'atmosphère jusqu'en l'an 2100. Or, ce qui compte n'est pas le flux, mais le stock de gaz carbonique dans l'atmosphère. Le doublement de la concentration du gaz carbonique provoquerait l'augmentation de deux degrés et demi de la température moyenne sur la planète, et une montée du niveau des mers de cinquante centimètres, selon les prévisions moyennes. Au rythme actuel, ces deux changements rendraient la vie impossible au Bangladesh vers 2050. Sachant que le Bangladesh comptera alors deux cents millions d'habitants, on peut déjà imaginer l'ampleur d'une évacuation des Bengalis vers l'Inde. Sans parler de ce que serait l'évacuation des Égyptiens et des Maghrébins vers l'Europe, après l'inondation du delta du Nil, ou la disparition de la bande agricole nord-africaine [5]. Nous y reviendrons plus longuement à la fin de ce livre.

Voilà donc les problèmes écologiques causés par les « conquêtes », sociales et économiques, des années cinquante-soixante-dix. Aujourd'hui, le compromis de ces années-là est en crise et, dans le monde entier, certaines élites cherchent à ramener le salariat vers la situation qui était la sienne dans les années trente, voire vers la situation du XIXe siècle. C'est ce qu'on appelle la « société en sablier » : peu à peu, les salariés retombent dans la précarité, le chômage, l'exclusion.

5. Jamais, dans l'histoire de l'écologie humaine, n'ont cessé ni ne cesseront les migrations, comme forme d'adaptation aux crises écologiques. Ces migrations deviennent pourtant chaque fois plus difficiles, parce que justement elles apparaissent comme des conflits sur une « capacité de charge » raréfiée, et qu'elles sont elles-mêmes des « facteurs de crise ». Parce qu'elle part du principe de solidarité, l'écologie politique répond à ce type de crise d'une part en proposant un ordre économique mondial permettant à chacun de « vivre et travailler au pays », afin d'éviter l'émigration, et d'autre part le respect des droits politiques et sociaux des immigrés.

Dès lors, tous les types de crises écologiques qui se sont succédé depuis les débuts du capitalisme sont réactivés : on empile les crises écologiques globales (on continue à produire, et même de plus en plus, de gaz à effet de serre), les crises écologiques locales de surconsommation (car les couches sociales supérieures, au Brésil comme en Europe, consomment de plus en plus), les accidents du travail du début du XXe siècle, et même les crises du capitalisme primitif. On voit réapparaître la faim (en Angleterre, l'espérance de vie du tiers le plus précaire de la population commence à diminuer), on voit réapparaître les maladies liées à l'insalubrité (comme, à Paris, le saturnisme)...

Va-t-on, dès lors, vers une nouvelle convergence de l'écologie politique et des mouvements de défense du salariat et, plus généralement, des « pauvres » ? C'est fort probable. *Un espace s'ouvre pour la réunification des deux branches de l'écologie politique*, qui avaient divergé au cours du XXe siècle : le « socialisme » et la défense de l'environnement. Nous savons désormais que l'écologie ne peut être que sociale, que la question sociale ne peut se résoudre qu'en respectant les contraintes écologiques. Mais il reste encore beaucoup à penser sur cette scission qui s'est produite entre le mouvement ouvrier et le mouvement écologiste, après que le premier eut obtenu, au long du XXe siècle, un minimum de lois permettant aux salariés de vivre et, même, de profiter du progrès. C'est à ce moment-là que s'est rigidifiée une certaine conception du « progressisme », représentée par le communisme et la social-démocratie, et que s'est autonomisée l'écologie politique.

Cette déchirure sera longue à cicatriser. On l'a vu encore récemment, lors des affrontements entre écologistes et syndicalistes autour du surrégénérateur nucléaire Superphénix, ou de la centrale de retraitement de La Hague. Réapprendre à « domestiquer le progrès », non seulement du côté du salaire, mais du côté du processus de production lui-même (Comment on travaille ? Qu'est-ce que l'on fabrique ? Tout cela est-il sensé ?), demandera un ressourcement culturel du syndicalisme. Il ne sera possible que si les écologistes se débarrassent d'une image de « défenseur des animaux, dans l'oubli des humains » qu'on a collée à leur peau. Et s'ils parviennent à faire comprendre qu'une société qui maltraite les animaux finit par admettre que les humains soient traités comme des bêtes...

Domestiquer le progrès, dans un monde largement régi par le libéralisme, ne sera pas simple. Il faudra reprendre les anciens combats, pour réimposer au marché une régulation sociale, en l'accompagnant cette fois d'une régulation environnementale plus contraignante. Avec cette difficulté supplémentaire que le monde économique et les crises écologiques sont dorénavant *globalisés*. C'est à cette double difficulté que sont consacrés les prochains chapitres.

4

De la régulation des crises écologiques locales

« Domestiquer » le progrès, pour que l'activité économique serve effectivement les humains, en accroissant la capacité de charge de notre planète et en répartissant équitablement ses fruits de génération en génération, tout en sauvegardant les droits d'une nature sauvage que, par respect ou par prudence, nous nous interdisons de « domestiquer » elle-même... vaste programme ! Nous nous garderons bien de le présenter ici, même à grands traits. En réalité, un tel « programme » ne peut être qu'une œuvre collective, issue du débat contradictoire de toute la société, ou plutôt de toutes les sociétés humaines. Il a déjà été passablement défriché, mais, hélas, en maintenant ouverte la béance entre « programme économico-social » et « économie de l'environnement ».

Le présent chapitre s'attachera à combler cet écart, en présentant quelques éléments d'économie de l'environnement, mais considérés sous l'angle social qui est celui de l'écologie politique. De la même manière, les chapitres suivants présenteront les problèmes de l'écologie globale, non pas sous les angles géophysiques ou biologiques qui monopolisent trop souvent l'attention (et il est en effet indispensable d'étayer scientifiquement toute politique écologiste !), mais plutôt sous l'angle de la géostratégie et de la solidarité internationale.

Pour un réformisme radical

J'ai moi-même sans doute contribué à maintenir ouvert cet écart entre le social et l'environnement, en spécialisant mes travaux et interventions sur le premier côté du triangle écologique : les problèmes de pouvoir, d'organisation et de distribution au sein de l'activité économique. Tout au plus, dans mes travaux d'économie urbaine, régionale ou internationale, ai-je étudié l'effet de ce « premier côté » sur le troisième sommet : la géographie humaine, l'environnement.

Dans ce chapitre, je voudrais en quelque sorte « compléter » la panoplie présentée dans *Choisir l'audace* et *La Société en sablier*, et donc esquisser, après bien d'autres, une « économie de l'environnement », d'un point de vue écologiste. Et cela non pas en utopiste, mais en « réformiste actif ». Car, quoique je partage le diagnostic des écologistes radicaux (« Nous allons à la catastrophe si nous ne changeons pas complètement cette société »), je tiendrais pour criminel de s'en tenir à la délectation morose de ce constat. Nous ne pouvons tout simplement plus nous payer le luxe de ce genre de rumination. Nous ne savons pas « changer la société de fond en comble », nous ne pouvons abolir d'un coup de baguette magique ni la division du travail, ni les rapports marchands, or cela nous mène à la catastrophe, donc nous avons le devoir d'être réformistes, c'est-à-dire de chercher à *infléchir* l'évolution de cette société. Nous savons qu'elle est actuellement lancée à toute vapeur, comme le *Titanic*, dans une course qui la conduit droit sur l'iceberg, que sa direction est aux mains d'une élite libérale et productiviste qui attendra qu'il soit trop tard pour donner le coup de barre, et que, même si une majorité « verte » s'emparait de la salle des commandes, elle devrait faire avec les mécanismes de commande tels qu'ils sont aujourd'hui, hélices et gouvernails...

Raisons impératives pour « commencer tout de suite », et se boucher les oreilles aux sirènes qui nous crient de ne rien faire, sous prétexte qu'« avec une économie de marché globalisée, rien n'est possible ». Ce radicalisme, cette idéologie du désespoir ne font qu'entériner ce qu'ils prétendent combattre : « Après moi, le déluge. »

Cependant, l'écologie « radicale », toutes tendances confondues, a raison sur un point : une économie écologiste n'est pas une économie de l'environnement, au sens où on l'enseigne dans les universités. En tout cas, pas seulement. Réduire la durée du travail est plus écologiste qu'instaurer une écotaxe pour éviter que ce travail ne détruise la nature, et instaurer une écotaxe pour dissuader de polluer vaut mieux que de rendre obligatoire une assurance pour indemniser les victimes après l'accident. Mais réduire le temps de travail signifie d'abord, en chacun de nous, opérer une révolution culturelle qui donne la priorité au temps libre, au temps de l'autonomie, au temps disponible pour nos ami(e)s, nos amant(e)s, nos enfants, nos concitoyens, par rapport au temps consacré à accroître notre pouvoir d'achat.

Réduire le temps de travail, ce n'est donc pas seulement un moyen de « partager le travail » pour faire reculer le chômage, au nom de la solidarité, valeur cardinale pour les écologistes. Le recul du chômage est déjà en soi un progrès écologique, parce qu'il fait reculer les écarts de revenus et de pouvoir sur sa propre vie, il améliore la disponibilité de chacun à l'égard de ce qui l'entoure, ses voisins, sa cité. Mais au-delà, la réduction du temps de travail est la traduction d'un retournement dans la civilisation occidentale, mettant au premier plan et la recherche de l'autonomie individuelle (ou à l'échelle de petits groupes), et le respect pour l'environnement, d'abord au nom des droits des générations futures, mais aussi au nom des droits de la nature sauvage. Il s'agit de décider que l'on utilisera tous les gains futurs de productivité du travail, non pas à accroître notre pression sur la capacité de charge de la planète, mais à nous faire en quelque sorte « plus légers ».

Ce retournement dans la civilisation occidentale aura d'immenses conséquences, profession par profession, et dans la définition même des « métiers ». Ainsi, les ingénieurs et techniciens de cette nouvelle « révolution post-néolithique » devront reporter toutes leurs compétences à l'inversion (déjà entamée) de la tendance à « remplacer les hommes par des machines » au prix d'une consommation et d'une dégradation croissantes de l'énergie et des ressources naturelles. L'usage prudent et parcimonieux des ressources naturelles devra devenir le critère d'excellence professionnelle, faisant reculer les fantasmes du robot absolu qui hantèrent notre XXe siècle productiviste, socialisme compris.

Dans une économie écologiste, le travail lui-même deviendra de plus en plus un travail « de la communauté, par la communauté, pour la communauté ». Un travail qui combinera le bénévolat et le salariat (mais un salariat subventionné par la collectivité, sous le contrôle des salariés eux-mêmes et des usagers de leurs services) pour effectuer ces tâches trop longtemps assignées au travail gratuit des femmes, ou autrefois assumées presque sans y penser dans le cadre routinier de l'économie villageoise : surveiller les enfants, aider les personnes dépendantes, embellir les rues, organiser les fêtes... Telle est l'essence du « tiers secteur », *qui se développe déjà* dans les mouvements associatifs, coopératifs, alternatifs, un peu comme le capitalisme mûrissait sous le féodalisme, plusieurs siècles avant de devenir dominant.

Ces « révolutions paradigmatiques » (ces changements quant à l'idée de ce qui est bien, beau, juste et normal) prendront du temps. En attendant, l'inquiétude et la révolte contre les « destructions de l'environnement par l'économie » susciteront des majorités disposées à prendre des mesures d'abord superficielles pour inciter chacun à respecter l'environnement. Cette évolution est normale, et l'écologie radicale aurait le plus grand tort de mépriser les techniques agricoles, industrielles, juridiques et économiques permettant, ici et maintenant, de commencer à dompter le taureau productiviste que l'humanité a créé de ses mains au long des siècles passés.

La « Grande Transformation » du milieu du XXe siècle avait permis, au moins partiellement et provisoirement, de domestiquer le marché dans la partie « social-démocrate » du monde capitaliste, par une « régulation sociale ». Il s'agit de reconquérir contre le libéralisme ces capacités de régulation sociale, et d'imposer en outre au marché et à la technocratie, à leur manière de « sélectionner les changements techniques », une régulation environnementale.

Civisme et environnement

Une régulation environnementale vise à inciter les « agents » économiques, c'est-à-dire les entreprises, les ménages, les individus et les administrations elles-mêmes, à faire un « usage » respectueux de leur environnement, de telle façon qu'au total la société suive un modèle de développement soutenable.

L'*usage* signifie ici toute activité modifiant l'environnement (circuler en automobile, couper des arbres, faire du bruit...). On appellera ici *pollution* toute action modifiant négativement l'environnement. Il va de soi que le mot « négativement » est relatif à une échelle de valeurs qui est un fait culturel évolutif. Le progrès des connaissances, les évolutions sociales, les effets de saturation, voire la mode peuvent renverser les jugements sur telle ou telle modification de l'environnement. Défricher une forêt pour planter un jardin, rénover un quartier, isoler les bâtiments à l'amiante, bâtir un grand barrage, encourager l'accès à la conduite automobile : autant d'innovations qui ont pu en leur temps passer pour « progressistes », pour être ensuite rétrospectivement critiquées. Ces problèmes complexes resteront en amont de notre réflexion ; on suppose qu'au moment présent se forme un consensus majoritaire sur ce que serait un « meilleur » environnement, et on se pose la question des meilleurs instruments pour y parvenir, ou du moins éviter une dégradation.

La régulation environnementale ne vise pas à supprimer la pollution, mais à la ramener à un niveau « soutenable ». Point important : il ne s'agit pas d'interdire toute pollution. Vivre c'est polluer. Nous sommes des machines à transformer de l'oxygène en gaz carbonique. Et l'on ne va pas combattre l'effet de serre en demandant aux gens de ne plus respirer ! Il faut bien que l'on se lave, donc on va salir de l'eau. Il faut bien que l'on se déplace, donc on va faire du bruit, on va émettre des gaz d'échappement. Même si l'on prend le tramway, il est électrique, et il y a des centrales nucléaires ou au charbon derrière. De toute façon, quoi que l'on fasse, on pollue. Mais la nature, qui est extrêmement généreuse, élimine une partie de ces pollutions, elle les recycle spontanément. Donc il y a en quelque sorte un certain niveau de pollution qui est acceptable pour le genre humain. Cela doit se décider localement, au niveau d'une collectivité, d'une communauté, ou globalement comme dans le cas de l'effet de serre. Et c'est à ce niveau « soutenable » qu'il faut aboutir.

Dans certains cas, bien sûr, s'impose l'*interdiction* pure et simple : vous n'avez pas le droit de jeter de l'arsenic dans les rivières. Quand c'est dangereux, c'est interdit. Évidemment, des pratiques dangereuses vont subsister longtemps, parce qu'il y a des groupes de pression derrière. C'est seulement maintenant que l'on interdit l'amiante, en France, alors que son rôle dans le cancer de la plèvre a été détecté dès 1938. On commence sérieusement à se poser la question du diesel. Mais cette fois, je l'espère, on ira beaucoup plus vite, puisque le rôle des particules fines du diesel dans le cancer du poumon avait été vraiment documenté depuis deux ans à peine, quand le budget français de 1999 décida la hausse progressive du prix du diesel. Mais, au fur et à mesure que la recherche se développe, on rattache des maladies dont on disait « c'est le destin » à des pollutions de plus en plus précises. Cette convergence vers les causes ou les cofacteurs que représentent les pollutions dans les dégradations de la santé, outre la dégradation de la valeur esthétique (comme la beauté des paysages), joue puissamment dans la mobilisation des citoyens. Or celle-ci est décisive, bien plus que la loi ou le marché.

Parmi les « outils » le plus souvent évoqués pour résoudre les crises écologiques latentes ou déjà ouvertes, on oppose en général les modes « réglementaires » (lois, normes) et les « économiques » (taxes, marchés du permis), et l'on évoque ensuite un « troisième type », les accords d'autolimitation, codes de bonne conduite, etc. Bref, la régulation par la « bonne volonté », par le « civisme ». Cet appel au civisme est particulièrement adapté au cas des sociétés politiques par excellence que sont les démocraties : Montesquieu disait que *la vertu est le principe de la démocratie*, comme la force est le principe du despotisme.

En réalité, ce troisième type est, dans toutes les conduites humaines, le premier. Avant d'obéir à des lois (y compris celles du marché), les femmes et les hommes (y compris les « agents économiques » que sont les entreprises, les ménages et les administrations) obéissent à des normes sociales implicites : ce qu'on appelle « civisme », ou « civilité ». Ils trouvent ensemble des arrangements pratiques, y compris de localisation, par des négociations de face à face. En faisant la synthèse d'intuitions chères à Fernand Braudel et Pierre Bourdieu, on pourrait avancer que « la société » existe d'une part dans le « cadre de vie », l'environnement matériel qu'elle s'est déjà donné, et d'autre part dans un système de normes et d'habitudes, inscrites dans les esprits et parfois institutionnalisées.

La « Nouvelle Grande Transformation » qui permettra à l'humanité d'adopter un modèle de développement écologiquement soutenable passe d'abord par une révolution culturelle, au travers de laquelle certaines pratiques antérieures sont délégitimées, stigmatisées par les consommateurs, les voisins, la presse, les concurrents, et finalement par les pouvoirs publics. Parallèlement, se développent de « meilleures pratiques », des « codes de bonne conduite », des « accords d'autolimitation », des « normes négociées » dans la société civile, bien avant que la loi ne les rende obligatoires, ou que des signaux-prix les rendent avantageux. Les études de cas n'infirment pas l'idée que le « premier parti » *(first-mover)*, l'entreprise qui anticipe les normes futures, peut y gagner un avantage concurrentiel même si l'équipement correspondant est au début plus coûteux. D'abord, cette initiative qui ménage l'environnement s'accompagne généralement d'un changement technique qui accroît la productivité. Puis, le « civisme » de son comportement productif confère un avantage de respectabilité à son produit. Son voisinage devient plus attractif pour la population, notamment qualifiée. Enfin, lorsque la norme implicite se généralise et devient loi ou norme explicite, l'expérience accumulée joue comme une barrière à l'entrée pour les concurrents restés sceptiques. Ces remarques adoucissent la nécessité de règles explicites contraignantes... lorsque du moins la pression sociale est suffisante [1].

Certes l'environnement, l'espace matériel où se déploie l'activité économique et qui est remodelé par elle en permanence, est, depuis le néolithique et Sumer, le premier des soucis du politique. Gouverner, c'est d'abord produire un bien collectif, le « cadre de vie », et en réguler l'accès (à commencer par le système d'irrigation). Mais la société civile elle-même, par son activité permanente, ne serait-ce que ses choix de localisation, crée spontanément de l'environnement matériel : agglomérations urbaines, agglomérations d'entreprises. On commence à appeler « écologie industrielle » l'art de juxtaposer des industries dont les déchets des unes sont les matières premières des autres (cogénération énergétique, usage de l'eau, etc.) [2]. Les collectivités locales seront certainement appelées à encadrer cette recherche actuellement tâtonnante, par une planification urbaine renouvelée, qui n'aura plus pour but d'élargir quantitativement les villes, mais de les restructurer, à travers la mise en place de réseaux divers (transports en commun, boucles de télématique, etc.), un zonage indicatif mieux conçu, etc.

---

1. Voir OCDE, *Politique de l'environnement et emploi*, Éditions de l'OCDE, Paris, 1997.

2. Voir Suren Erkman, *Écologie industrielle, métabolisme industriel, et société d'utilisation*, Fondation pour le progrès de l'Homme, Paris, 1994.

Mais hélas, dans l'« écologie réellement existante », la plupart des activités économiques contribuent à dégrader l'environnement. D'où la nécessité de mettre en place des modes de régulation explicites, et cette responsabilité incombe d'abord au politique. Quelle en est la justification ?

L'économie contre l'environnement ?

On peut, en termes économiques, formaliser l'environnement local comme un « bien collectif », à la fois libre d'accès, c'est-à-dire gratuit (à une nuance près que nous examinerons plus loin : la propriété foncière) et « non rival », en ce sens que l'usage de ce bien par certains ne diminue pas la capacité des autres d'en jouir. Du moins jusqu'à un certain point, que les écologues appellent justement la « capacité de charge » ! Tout mode de régulation public de l'environnement vise à contraindre ou inciter les agents économiques à ne pas abuser de cette capacité de charge, voire à l'accroître. C'est d'ailleurs la mutation essentielle que représente la « Nouvelle Grande Transformation ». Alors que celle que décrivait Polanyi visait à mieux distribuer une production qui s'accroissait sans retenue, la Nouvelle Grande Transformation aura en outre pour ligne directrice de *réorienter le progrès technologique* et les *modèles de consommation* de manière à accroître la capacité d'usage viable de notre environnement. De ce fait, elle aura pour effet de susciter une « réorientation » dans l'équipement des ménages et des entreprises, et surtout la production d'infrastructures collectives écologiquement viables, donc une nouvelle vague d'investissements[3]. C'est la définition même

3. Il faut ici distinguer entre la transition vers ce nouveau régime et le régime lui-même. La transition, si son financement est convenablement organisé, provoquera un boom transitoire analogue à celui de la reconstruction après 1945. La véritable question est celle de la viabilité du futur régime, une dizaine d'années après le début de la transition. P. QUIRION, dans sa thèse (*Les Conséquences sur l'emploi de la protection de l'environnement*), a passé en revue tous les modèles de prévision et d'équilibre général calculable des pays de l'OCDE, testant l'hypothèse d'une pollutaxe sur

du développement soutenable, « un développement qui satisfasse aux besoins de la génération présente, à commencer par ceux des plus pauvres, sans compromettre le droit des générations futures à satisfaire les leurs ».

La tragédie des biens communaux

Pourquoi la recherche de la satisfaction privée s'opposerait-elle à de telles fins collectives, contrairement à la foi des pères du libéralisme économique ? Cela résulte largement des propriétés des biens collectifs. Chaque agent a un intérêt individuel à accroître sa pression sur l'environnement. Mais, dès lors que, par effet de composition des multiples usages pesant sur lui, l'environnement approche du seuil de capacité de charge, la jouissance collective, pour la collectivité de ses usagers potentiels, se réduit : la terre s'épuise, les eaux sont saturées, les routes encombrées. Pourtant, pour chaque agent particulier, sa pression sur l'environnement libre et gratuit se traduit par une « quasi-rente », c'est-à-dire par un surcroît de satisfaction ou de profit, mesuré par ce qu'il serait prêt à payer

---

l'énergie recyclée en baisse des cotisations sociales des employeurs. L'étude donne des résultats variables et faibles en ampleur sur la croissance du PIB (par rapport à la poursuite du régime actuel), mais nettement favorables à l'emploi (jusqu'à + 1 % à 2 %). Ils confirment l'idée intuitive d'une « substitution travail/terre », le facteur capital changeant plus de forme que de quantité. Les résultats sont d'autant plus spectaculaires que l'élasticité travail/énergie est plus élevée dans le modèle, et que le degré de désintégration du modèle permet de mieux prendre en compte les restructurations de la consommation et de la production.

Il faut noter que ces études portent bien sur des politiques *locales* et non pas internationalement coordonnées : elles confirment en passant qu'un pays ne court pas de gros risques concurrentiels à s'engager le premier.

Pour être honnête, il faut souligner que, selon ces modèles, les régulations environnementales n'accélèrent ni ne ralentissent la croissance du PIB marchand, mais, qu'en diminuant la pollution, elles le rendent plus « viable » : elles augmentent donc le produit intérieur *net*, la richesse réelle, défalcation faite des dépenses de soins et autres « réparations ». Tout au plus peut-on en attendre une croissance légèrement accélérée de l'emploi. Les conditions d'une *croissance* soutenable relèvent de la régulation de l'offre et de la demande, et de nouveaux paradigmes d'organisation du travail. Sur les conditions extra-environnementales de la « Nouvelle Grande Transformation », voir Alain LIPIETZ, *Choisir l'audace. Une alternative écologique pour le XXIe siècle, op. cit.*

si l'environnement cessait d'être libre. Telle est la contradiction qu'il convient de réguler[4].

En 1968, G. J. Hardin a décrit cette contradiction en parlant de la « tragédie des biens communaux ». Selon ce célèbre apologue, comme on l'a vu, l'existence des biens communaux en vaine pâture aurait expliqué la crise éco-démographique du Moyen Âge (Grande Peste et fluctuation biséculaire des XIVe-XVIe siècles) : chaque paysan aurait trop abusé pour lui-même des conditions de production communes. La solution aurait alors été d'établir des droits de propriété privée (« *enclosure* des biens communaux ») de façon à inciter les paysans à entretenir leurs propres champs. Nous n'allons pas entrer dans la polémique historique[5], mais, compte tenu des problèmes de redistribution sociale évoqués au chapitre 3 (le mouvement des enclosures est en fait à l'origine de la prolétarisation des paysans les plus pauvres), il faut prendre cette histoire avec précaution. C'est la révolution agricole qui a permis de sortir de la crise de la Grande Peste, et, pour de multiples raisons historiques, la propriété privée (ou le fermage de longue durée) a garanti aux riches laboureurs le bénéfice des efforts investis dans leur propre terre.

Cette solution n'a rien de généralisable. On peut citer de multiples exemples où la propriété privée de la terre (la propriété « foncière ») sert d'abord à user et abuser de l'environnement. À vrai dire, *la propriété foncière reste le premier des droits juridiques donnant un accès à l'environnement*, et il est monnayé par le propriétaire privé moyennant une rente... ou en revendant la terre. Dans la plupart des cas, ce droit s'oppose

4. Pour une analyse plus fine des modes de régulation environnementaux « locaux », voir Alain LIPIETZ, « Économie politique des écotaxes », *Conseil d'analyse économique* n° 8, La Documentation française, 1998.

5. G. J. HARDIN, « The Tragedy of Commons », *Science*, n° 162, 1968, p. 1243-1248. Cette polémique reste d'une actualité « brûlante », partout où subsistent encore cultures sur brûlis et terres sans titre. Les observations par satellite ont montré que les incendies qui ravagent l'Indonésie et polluent toute l'Asie du Sud partent principalement des grandes exploitations forestières, et non des terres de culture itinérante indigène.

aux tentatives de la collectivité pour préserver le patrimoine ou l'environnement.

On caractérise même parfois l'« État de droit » par l'interdiction faite au pouvoir politique d'interférer avec le droit de propriété civile, dont l'archétype est la propriété foncière. C'est d'ailleurs à propos de conflits sur le patrimoine ou sur les nuisances de voisinage que sont apparus les premiers « cas » célèbres, qui ont permis la modération ultérieure du droit de propriété par le pouvoir politique. Ni les édiles de Cordoue ni l'empereur Charles Quint n'avaient pu empêcher le chapitre de la cathédrale-mosquée de « détruire ce qui était unique au monde pour y construire ce qui pouvait se faire n'importe où », en construisant une église baroque dans la fantastique forêt de piliers de la mosquée. De même, le roi de Prusse Frédéric II n'avait pu empêcher la construction d'un moulin industriel à proximité immédiate du château de Sans-Souci ; le gouvernement français ne put empêcher la destruction de l'abbaye de Cluny par un entrepreneur qui l'avait rachetée pendant la Révolution, etc.

La palette des régulations

Bref, pour défendre l'héritage du passé, mais aussi bien l'héritage laissé aux générations futures, le politique doit opposer un nouveau « droit de l'environnement » à l'égoïsme privé. Pour cela, la puissance publique dispose d'une batterie de modes de régulation possibles. On distingue d'abord :

– les *instruments réglementaires* : les interdictions (pour prohiber les usages trop nuisibles à l'environnement) et les normes (pour limiter les usages légitimes à un niveau de pollution respectant une « enveloppe » soutenable) ;

– les *instruments économiques*, qui opèrent par leur « signal-prix » : les écotaxes (ou plutôt pollutaxes) prélevées sur chaque activité polluante, et les quotas transférables (l'achat et la revente de droits à polluer par « paquets »).

Examinons ces instruments, des plus « réglementaires » aux plus « économiques » :

– *l'interdiction :* à privilégier pour prohiber les activités dangereuses et irréversibles, comme la dissémination de poison dans l'eau, de chlore dans l'air, etc. L'interdiction est en général sanctionnée par une *amende* ;

– *la norme :* forme adoucie de l'interdiction, cette autorisation partielle est à privilégier quand une activité est nécessaire et tolérable si elle n'est pas « trop » polluante, en un mot « soutenable » ; la publication d'une norme provoque des économies d'échelle dans les techniques utilisées, qui peuvent en abaisser considérablement le coût (isolation des logements) ;

– *la pollutaxe :* forme plus « flexible » que la norme, à privilégier quand les conduites des agents provoquant la pollution sont si hétérogènes (selon les mobiles, les techniques, la quantité quotidienne...) que la norme n'a pas de sens. Elle apparaît comme une forme atténuée de l'amende dissuasive : « Vous pouvez polluer, mais il vous en coûtera, donc faites attention ! » C'est à ce titre de signal-prix que la pollutaxe est d'abord efficace : elle dissuade de « trop » polluer, elle diminue donc les dommages causés à l'environnement et à ses habitants, et c'est le « premier dividende » que l'on en attend ;

– *les permis de polluer,* distribués, vendus par les collectivités aux pollueurs ou mis aux enchères, et ensuite négociables entre les pollueurs : c'est une forme « capitalisée » de la pollutaxe, un peu comme le prix d'un terrain est la forme capitalisée de sa location.

On remarque ici la similitude entre la théorie de pollutaxes et celle de la rente foncière : il s'agit, encore une fois, de monnayer un droit d'accès juridique à un environnement. Ce qui fait justice de l'argument de « neutralité » sociale des instruments réglementaires. Certes, les plus riches peuvent plus facilement s'offrir le luxe de payer pollutaxes et permis. Mais ils peuvent aussi s'offrir les équipements conformes aux normes les plus exigeantes. Institue-t-on la circulation alternée comme à Mexico ? Ils s'offrent deux voitures. Une « pastille verte » ? Ils achètent une nouvelle voiture. Et si l'État ne fait rien ? Ils se réserveront les beaux quartiers bien aérés !

Il est donc absurde d'accuser les écotaxes et les quotas d'offrir un « droit à polluer » à ceux-là seuls qui peuvent se les payer. Ce droit, ils l'ont déjà, ils s'en sont parfois assuré le monopole grâce à la propriété foncière, et pour ce qui est de l'environnement, ils le consommaient gratuitement, et d'autant plus intensément qu'ils avaient les moyens de polluer (voitures puissantes, hors-bord, etc.).

On remarque dans la gamme des modes de régulation (de l'interdiction aux quotas) une autre distinction : *politiques d'objectifs* et *politiques d'instruments.*

Une politique d'objectifs encadre le *résultat* des pratiques sur l'environnement. Elle édicte l'enveloppe légitime (soutenable) des usages, puis :

– soit elle prescrit une limite « en intensité » à chaque usager potentiel. C'est la politique des normes. Cette méthode est un puissant outil de politique industrielle, quand elle engendre des économies d'échelle. Toutefois, par effet de composition, une multitude d'usagers, respectant pourtant les normes, peut dépasser le seuil soutenable ;

– soit elle « allotit » le volume total autorisé en *quotas* ou *permis*, cédés ou vendus aux usagers privés, et ensuite librement négociables, comme les terres après une réforme agraire. Cette méthode, choisie à la conférence de Kyoto en ce qui concerne l'effet de serre, implique en fait la souveraineté maximale du politique, qui planifie et l'usage total et (dans un premier temps) la part de chacun.

Les politiques d'instruments, par contraste, se contentent d'interdire ou de fixer une direction. « Interdire » ne signifie pas faire disparaître : tout dépend de l'intensité de la sanction. Une amende n'est d'ailleurs que la forme extrême d'une pollutaxe, et si l'effet d'une pollutaxe est d'inciter les agents à adopter des pratiques toujours plus efficaces, on ne peut savoir à l'avance si son niveau sera suffisant...

Du point de vue de l'usager, acheter un quota et payer une pollutaxe reviennent toutefois au même : on paie en une fois avec l'un ce qu'on paie en continu avec l'autre, comme dans la différence entre « prix du sol » et « loyer ». Ces deux instruments, qui laissent à l'usager le choix des techniques et de l'intensité de l'usage, sont particulièrement appropriés quand une multitude d'usagers hétérogènes menacent l'environnement. La différence, c'est qu'une pollutaxe agit en continu. Au contraire, une entreprise qui achète un quota pour une de ses usines polluantes peut, après rénovation de son usine selon une technique moins polluante, revendre son reliquat du droit à polluer à une autre entreprise qui n'a pas encore rénové la sienne.

Pollueur-payeur : pas si simple

Pollutaxes et quotas transférables représentent deux formes d'application du « principe pollueur-payeur » : on fait payer le droit de polluer, en gros (dans le cas des quotas) ou au détail (pollutaxes). Les débats sur la création en France de la taxe générale sur les activités polluantes, ou sur les « marchés de quotas de gaz à effet de serre » à la conférence de Kyoto, montrent cependant que l'application du « principe pollueur-payeur », lui-même apparemment bien accepté, suscite pourtant une levée de boucliers. « Encore des impôts ! Et bien sûr ça va frapper tout le monde, donc relativement plus les pauvres que les riches... Au moins, les règlements sont neutres et donc socialement justes. Et qui nous garantit que ça va servir à améliorer l'environnement ? En fait, Bercy s'est trouvé une nouvelle pompe à phynances, avec la naïve complicité de Voynet. Et puis tout cela ne revient-il pas à vendre aux riches le droit de polluer ? » Etc.

Ces réticences sont le légitime écho de vraies incertitudes théoriques chez les partisans des pollutaxes, et d'une longue expérience des effets pervers de toute innovation. En gros, elles tournent autour de trois points cruciaux : la justification des pollutaxes, l'effet redistributif des pollutaxes, et la question de l'« affectation ».

Évaluer le « premier dividende »

Mais d'abord, que paie-t-on au juste quand on paye une pollutaxe ou un quota ? Les économistes parlent du *principe pollueur-payeur*, sans trop s'appesantir sur sa signification. S'agit-il de payer :

– le coût de la remise en état de l'environnement ? On parlera alors de *redevance* ;

– le dommage infligé aux tiers *via* l'environnement ? On parlera alors d'*indemnisation* ;

– le prix qui, confisquant la quasi-rente des pollueurs, les dissuade de nuire à l'environnement ? On parlera au sens strict dans ce cas de *pollutaxe*, taxe sur les pollutions, et non pas « taxe des écolos » qu'évoque le mot « écotaxes » !

Dans le monde de la théorie économique standard de l'« équilibre général », ces trois définitions seraient équivalentes. Dans le monde réel, il n'en est rien, justement parce que l'environnement est un bien collectif, rarement réparable, parfois international et souvent intergénérationnel (tous les agents concernés ne sont donc pas présents sur le marché), et en plus subjectif (quel est le prix du bruit, de la douleur des maladies, de la perte de beauté ?). Le principe qui doit servir de guide est donc plutôt la troisième définition (une taxe qui dissuade les abus), encadrée par une évaluation issue de la deuxième : les dommages causés, qui parfois sont réparables (l'eau polluée peut être recyclée), mais en général pas vraiment. Remplacer une rivière limpide par un égout avec une station d'épuration peut donner une eau de qualité équivalente, mais les riverains n'ont pas vraiment gagné au change. La première définition est donc incluse en général dans la deuxième (le total des dommages), et elle donne une idée en prix du « premier dividende » : ce que l'on gagnerait à ne plus abuser de l'environnement.

Prenons l'exemple du coût des transports routiers. De nombreux rapports ont établi les ordres de grandeur suivants pour la France :

– pollution atmosphérique locale : 40 à 60 milliards de francs ;

– bruit : 13 à 50 milliards ;

– effet de serre : 15 milliards (évalués à 10 dollars par baril : voir chapitre 6) ;

– congestion sur les autres modes : 30 milliards ;

– dépendance pétrolière : 18 milliards.

Ces chiffres n'incluent ni le coût des infrastructures, ni celui des accidents (que l'on peut évaluer à 50 milliards). On arrive pourtant déjà à un ordre de grandeur compris entre 100 et 200 milliards de francs, soit le dixième du produit national brut français[6]. Cette évaluation sous-estime pourtant largement le problème. Ainsi, les deux premiers chiffres sont calculés à partir des coûts sur la santé. Or :

– la connaissance scientifique du lien entre les pollutions et leurs effets sur la santé progresse au fur et à mesure que l'on s'en préoccupe, c'est-à-dire en France depuis peu. Ainsi, c'est seulement en 1995 que furent publiées les premières études mettant en évidence le lien entre les pics de pollution et les crises d'asthme et autres maladies pulmonaires et cardio-vasculaires, et seulement depuis 1997 que l'on commence à documenter le lien entre l'asthme comme maladie chronique et la pollution de fond. Le rattachement des cancers à certaines pollutions intervenant au moins comme cofacteurs (diesel) ne fait que commencer ;

– les coûts sont presque toujours évalués à travers les dépenses de soins. Or, ces dépenses sont très loin de représenter le « prix de la douleur » de la perte de santé. Une tout autre méthode d'évaluation (l'évaluation « contingente ») consiste à demander aux victimes éventuelles combien elles seraient prêtes à payer pour éviter une maladie ou une nuisance stressante. L'évaluation est de cinq à dix fois plus forte (l'écart est spectaculaire dans le cas du bruit).

---

6. Voir le numéro d'avril 1998 de *La Jaune et la Rouge* (revue des anciens de l'École polytechnique de Paris) coordonné par Michel COHEN DE LARA.

Bien entendu, on ne pourra jamais éliminer complètement les gênes imposées à autrui, ni les dégradations de l'environnement provoquées par la plupart des activités humaines. Encore une fois (et mis à part le cas de l'interdiction pure et simple), le but des actions réglementaires ou fiscales ne peut être que de dissuader de l'abus, de restreindre la pollution. Cet effet des pollutaxes est parfois contesté. Pourtant, les études qui cherchent à mesurer l'efficacité du « signal-prix » montrent des résultats spectaculaires.

Ainsi, la hausse du prix de l'énergie est particulièrement efficace pour lutter contre la pollution de l'atmosphère par le gaz carbonique. La Suède, pays plus froid et de même niveau de vie que les États-Unis, dégage cinq fois moins de gaz carbonique par dollar de produit intérieur brut, avec un prix à la tonne d'émission 2,5 fois plus fort. Avec un prix à la tonne d'émission 75 % plus élevé qu'aux États-Unis, l'Allemagne de l'Ouest dégage deux fois moins de gaz carbonique par dollar produit. Au cours des années soixante-dix et quatre-vingt, on ne peut nier la très forte relation, en France, entre les variations du prix de l'énergie dues aux chocs et contre-chocs pétroliers, et la consommation d'essence. Plus finement encore, on a constaté qu'un ménage qui passe au diesel (et bénéficie ainsi d'une baisse de la taxe sur les carburants de 38 %) augmente ensuite de 20 % ses parcours automobiles, même sans changer de résidence ni de lieu de travail !

Dans tous ces exemples, on n'a pas cherché à « éliminer l'automobile », mais à mesurer combien une variation de prix pouvait en influencer l'abus. Si l'écotaxe devient si forte qu'elle prend valeur d'amende sanctionnant une interdiction, elle parviendra sans doute à éliminer la pratique provoquant une pollution, et elle ne rapportera presque rien à la collectivité qui l'aura instaurée. Dans le cas général, l'écotaxe est fixée à un niveau qui diminue seulement l'usage polluant : alors elle rapporte de l'argent. Bien entendu, les revenus de la puissance publique, issus des pollutaxes ou de la mise aux enchères initiale des quotas, peuvent servir à « réparer » l'environnement, ou indemniser les victimes, mais ce n'est pas toujours possible. En tout état de cause, à côté du « premier dividende » qu'offrent ces instruments (protéger l'environnement), ces revenus procurent à la collectivité qui les perçoit un « second dividende » : des fonds pour d'autres politiques, par exemple abaisser le coût de travail, dans le cadre d'une politique de l'emploi.

La courbe en U des effets redistributifs

Ce qui nous amène à la dimension sociale de la Nouvelle Grande Transformation. Le XXIe siècle verra sans doute se développer un dense réseau de formes de régulations écologiques. La valeur des marchandises reflétera de plus en plus non seulement le travail incorporé dans leur production, mais la dégradation de l'environnement que celle-ci aura provoquée. Quel en sera l'effet redistributif ? Il ne sera certes pas neutre, mais assez complexe.

Les plus démunis n'ont guère les moyens de polluer. Un gros tiers des ménages n'a pas de voiture, ne prend jamais l'avion, n'utilisera jamais un scooter des neiges ou des mers, et échappera donc à la plupart des pollutaxes envisageables. À l'inverse, son « bonheur de vivre » dépend beaucoup plus de la qualité de l'environnement (calme, qualité des biens collectifs gratuits, comme l'air ou les rues) que de son pouvoir d'achat. Les plus pauvres sont donc les premiers bénéficiaires du « premier dividende ». Les plus riches au contraire verront écorner leur « quasi-rente », mais à un niveau élevé de revenu, où son « utilité marginale » (la jouissance qu'il y a à dépenser cent francs de plus) est la plus faible. Les perdants, à court terme, peuvent être les « moyens-pauvres », ceux pour qui les restrictions à l'usage libre et gratuit de l'environnement feront encore reculer le mirage de la généralisation du modèle de consommation « fordiste », alors même qu'ils n'en perçoivent pas nécessairement le caractère insoutenable et dangereux pour leur propre santé.

Il y a donc une «courbe en U» de l'effet social des écotaxes : c'est chez les «moyens-pauvres» que toute limitation (réglementaire ou fiscale) du droit de polluer apparaîtra comme une limitation de leur accès à la société de consommation, sans qu'ils perçoivent immédiatement l'amélioration de leur qualité de vie. Les ouvriers qui ont accès à l'usage immodéré de l'automobile, parce que le diesel est peu taxé, protesteront contre la hausse de la taxe sur le diesel, ou l'interdiction de circuler de leur vieille voiture, sans se rendre compte qu'ils sont les premières victimes de leur propre pollution quand ils démarrent à froid dans leur garage...

De la même manière, les paysans dont les parents se sont «modernisés» en adoptant un modèle agricole fondé sur l'usage intensif des pesticides, désherbants et engrais, largement subventionné par l'État, seront les premiers à hurler si ces subventions se transforment en pollutaxes. Ils savent pourtant au fond d'eux-mêmes que ce modèle est devenu insupportable, aussi stressant, voire insalubre, pour eux-mêmes que pour les autres, pour les eaux, les rivières, et jusqu'à la mer où les algues vertes et brunes étouffent les parcs à huîtres et interdisent les plages.

Dans les deux cas, celui des «diésélistes» et celui des paysans moyens, un compromis social, noué à l'époque du fordisme, doit être aujourd'hui remis en cause. Cela ne pourra se faire qu'en démontrant les dangers de ce «compromis contre l'environnement», et en négociant des contreparties à l'abandon du modèle. Ainsi, des subventions peuvent être versées aux transports en commun, au passage du diesel au GPL; des «contrats d'exploitation soutenable» doivent être substitués aux encouragements à l'agriculture productiviste...

D'une manière générale, les règlements et pollutaxes, parce que socialement neutres, ne font que souligner l'inégale distribution des revenus. On peut, on doit se scandaliser des inégalités sociales, et lutter pour une redistribution plus égalitaire, mais ce n'est pas au moment où il est question d'améliorer l'environnement au bénéfice de tous (et particulièrement des plus pauvres) qu'il faut s'en apercevoir ! En revanche, des mesures ciblées doivent permettre aux « moyens pauvres » de s'adapter, en facilitant l'accès aux techniques moins polluantes. Et c'est justement la supériorité de la pollutaxe : elle offre à l'État des revenus... à redistribuer. C'est ce qu'on appelle son « second dividende ». Que va-t-on en faire ?

Faut-il « affecter » le second dividende ?

Une municipalité veut « rendre la rue aux citadins » en limitant l'accès des autos au centre-ville. Elle peut y *interdire* le stationnement, ou du moins *limiter* le stationnement (disques bleus), ou encore le rendre *payant*, elle peut même encourager les *abonnements* à une place de parking, déclinant ainsi notre « gamme des instruments ». Mais le produit des parcmètres ne sert pas à allonger les trottoirs ! Il peut financer par exemple une médiathèque. C'est possible parce qu'il tombe dans le budget général de la ville. La taxe de stationnement est une pollutaxe affectée *de fait* au moment de l'élaboration du budget (comme la création de l'impôt de solidarité sur la fortune a été *de fait* affectée à celle du RMI). Mais les défenseurs de l'« affectation » parlent d'autre chose : ils défendent l'idée que toute pollutaxe doit être affectée *de droit* à la réparation de la pollution correspondante, *via* une agence *ad hoc*, sans se noyer dans le budget général : on l'appelle alors *redevance*.

Il y a là, on l'a vu, un vrai problème théorique pour le principe pollueur-payeur : que paie-t-il au juste ? Le coût de remise en l'état ? Alors oui, le système de l'affectation de la pollutaxe à une « agence de dépollution » serait justifié, comme lorsqu'on achète un sapin dans une sapinière, ou qu'on amortit l'usure d'un logement. Mais le coût social est beaucoup plus diffus. La pollution par le diesel provoque des cancers du poumon : va-t-on affecter la taxe sur le diesel aux services pneumologiques des hôpitaux ? Les gaz à effet de serre ont des effets irréversibles, intergénérationnels et internationaux : leurs premières victimes seront les habitants du Bangladesh au XXIe siècle. Dans ce cas, la taxe sert à dissuader de polluer, non à réparer, ni même à indemniser les dégâts : l'effet « signal-prix » est le dividende essentiel attendu d'une taxe anti-effet de serre. Le « second dividende » (son revenu) peut être affecté à n'importe quoi : par exemple à diminuer les prélèvements pesant sur le travail, afin d'encourager l'emploi, mais aussi à la construction d'un réseau de transports en commun, ce qui implique dans les deux cas une « réaffectation » à travers le budget général.

Les redevances ont même des effets pervers, étudiés par la théorie dite du *moral hazard* (aléa moral). Elles fonctionnent comme une assurance automobile tous risques, sans franchise ni malus : une fois qu'on a payé, on peut tout se permettre, on récupérera d'autant mieux sa cotisation ! Si la compagnie d'assurance est gérée par les garagistes, elle aura intérêt à ce qu'il en soit ainsi... mais est-ce bien raisonnable ? C'est le principal reproche adressé aux actuelles agences de l'eau, qui, loin d'internaliser pour les agents les nuisances de leur pollution, leur permettraient au contraire de les rejeter sur une véritable « mutuelle des pollueurs », encourageant à la fois les industries polluantes et les industries de dépollution, sans contrôle démocratique, ni participation des associations de défense de l'environnement, et au prix d'une montée progressive de la pollution et de la surutilisation des eaux. Ce tableau est certes excessif, mais reflète une certaine délégitimation, dans l'opinion publique, de ces agences de l'eau qui passèrent pour exemplaires, il y a vingt ans, et qui ne le sont plus que pour les théoriciens de l'OCDE partisans du tout-marché.

Mais, dira-t-on, la redevance garantit du moins un financement pour les agences de protection de l'environnement. Si c'était vrai, les syndicalistes de l'enseignement public exigeraient un financement de l'école par ses usagers : la privatisation ! En fait, un financement fiscal n'est vraiment garanti que par l'opinion publique et le poids des lobbies de ceux qui en vivent : salariés et industriels. Aujourd'hui, la défense de l'environnement a acquis sa légitimité publique au même titre que l'école, et déjà ses lobbies s'agitent avec efficacité. Gageons que le système de la redevance, utile pour garantir un minimum, sera avantageusement remplacé par les choix budgétaires des élus, ce qui n'empêchera pas une gestion décentralisée et démocratisée des ressources. L'idéal, dans le cas de la protection de l'eau par exemple, serait de distinguer un usage « normal » de l'eau, payant une redevance assurant la « remise en état » par une agence, et un usage « excessif », sanctionné par une pollutaxe, et versé au budget général de la collectivité publique (région ou État).

Au fond, l'idéal serait même de pouvoir distinguer tout usage normal, soutenable et partiellement réparable (dans ce cas frappé de redevance), et les usages excessifs frappés d'une pollutaxe si forte qu'elle devient une amende. Une telle écotaxe n'a plus aucun rapport avec le dommage qu'elle serait censée indemniser : elle vise à éliminer la pollution, et donc elle-même.

Un exemple est offert par le problème des déjections canines à Paris. Selon un responsable de la Ville s'exprimant sur France 2, le 8 avril 1998, les 200 000 chiens de Paris coûtent environ 100 millions de francs par an à la collectivité. Une taxe annuelle de 500 francs par chien financerait donc la « remise en état ». Mais cette taxe canine dérisoire (moins de 2 francs par jour) aurait un puissant effet de *moral hazard* déresponsabilisant définitivement les maîtres. Par comparaison, la ville de New York impose une amende de 100 dollars (600 francs) par *déjection* repérée. Résultat : New York est (de ce point de vue) beaucoup plus propre que Paris, en se dispensant d'une flotte de véhicules *ad hoc*.

Dans le cas général, on devra se contenter d'une pollutaxe « moyenne »... et de la réaffecter le plus utilement possible.

Stratégies de légitimation

Que retenir de toute cette discussion ?

• Que, face aux nuisances et pollutions, toute la gamme des instruments juridiques doit être utilisée : les prohibitions et normes sanctionnées par des amendes, les écotaxes, ou leur forme « actualisée » : les quotas vendus aux enchères et ultérieurement transférables. Toutes remettent en cause des « avantages acquis » (le droit antérieur de polluer gratuitement), toutes doivent d'abord être justifiées par leur première utilité sociale : l'amélioration de la qualité de vie.

• Les écotaxes ont de multiples avantages. Elles sont souvent l'instrument optimal (quand les adaptations techniques requises sont très différenciées d'un agent à l'autre), mais les prohibitions et les normes ont l'avantage dans certains cas (comportements dangereux, existence d'économies d'échelle sur les techniques substitutives). En outre, dans un pays où la fiscalité est perçue comme déjà lourde, il est prudent de « répartir la charge » entre instruments réglementaires et fiscaux.

• Cependant, les écotaxes offrent un « second dividende » : leur revenu, qui peut être affecté à la réduction d'autres impôts, notamment en faveur de l'emploi. Cette affectation de leur revenu « hors domaine » conduit à insister sur le fait que le principe de l'écotaxe est bien de dissuader les dégradations de l'environnement, et non de financer sa remise en état, même si on les justifie au nom des « coûts de la pollution ou des nuisances ».

• Si les économistes ont tendance à privilégier un emploi du produit des écotaxes à un domaine différent de celui où elles ont été prélevées, la prudence politique invite à l'affecter au moins en partie au domaine lui-même.

De ces conclusions, on pourrait tirer les recommandations stratégiques qui suivent

• D'abord et avant tout, faire connaître le premier dividende attendu, c'est-à-dire le coût actuel et futur de la pollution, et mobiliser les victimes, sans stigmatiser les « pollueurs contraints » (les ménages à revenus médians qui ne choisissent pas leurs normes de consommation).

• Privilégier la réglementation chaque fois qu'elle permet l'apparition d'un « second dividende privé » (exemple : les économies de chauffage que permet l'isolation des logements).

• Étendre d'abord les écotaxes induisant des reconversions « sans regret » (celles qui induisent à changer de comportement sans diminuer le niveau de vie du pollueur).

• Négocier ensuite la fin des « compromis implicites contre l'environnement » (donc : s'attaquer aux quasi-rentes de pollution) en restituant aux ex-pollueurs une partie au moins du second dividende sous forme de « subvention aux usages responsables ». Ce pivotement doit être conçu selon plusieurs échelles de temps :

– *à court terme*, des mesures d'accompagnement du changement technique (aide à l'équipement en véhicules GPL, majorée en cas de mise à la casse d'un véhicule diesel, subventions au transport combiné rail-route). Cette manœuvre sera privilégiée pour la fin des privilèges du diesel, par exemple ;

– *à moyen terme*, changement du mode d'usage (développer les transports en commun) ;

– *à long terme*, régression des usages polluants (réorganisation urbaine rapprochant le domicile et le lieu de travail).

Mais il faut toujours se souvenir que l'essentiel est dans l'émergence d'un nouveau « civisme ». L'appel à l'intérêt bien compris, pour sa propre santé, son bien-être, celui de ses proches, est un puissant auxiliaire dans le cas des crises locales. Il est insuffisant dans le cas des crises internationales et globales. Ici, la progression d'une conscience écologique planétaire, d'un « civisme planétaire », sera décisive. Ce qui n'empêche pas, là encore, d'avoir recours à la loi, c'est-à-dire aux traités internationaux. C'est ce que nous allons examiner dans les derniers chapitres.

5

Enrayer la généralisation des crises écologiques locales, domestiquer l'économie mondiale

Par-delà la variété, la complexité de leurs origines concrètes, les crises écologiques se distinguent aussi par les capacités humaines à les traiter. Une première distinction s'impose entre « crises locales » et « crises globales ».

Crises locales et crises globales

Toutes les crises écologiques modernes résultent d'un dysfonctionnement du système socio-économique, ou plus exactement d'une impossibilité de « soutenir » la dynamique de ce système, compte tenu de l'environnement hérité du passé. Mais par « système socio-économique », nous entendons le système économique adopté par une *société donnée*, la France par exemple. Or le fonctionnement de cette société résulte en général de compromis institutionnalisés, dans un cadre national diffracté en collectivités locales : des lois, des gouvernements élus... La « société mondiale » n'existe que comme mythe, un mythe éthiquement utile, mais pour le moment peu opérationnel !

Concrètement, nous avons donc des crises écologiques dont les victimes appartiennent à peu près toutes à la société organisée nationalement ou localement, dont le fonctionnement même est la cause de ces crises : nous appellerons ces crises *locales.* Et nous avons des crises dont les effets se font sentir à n'importe quel point de la planète, alors que leur origine relève de dysfonctionnements localisés dans des sociétés particulières, qui en sont rarement les principales victimes : nous les appellerons crises *globales.*

Dans le cas d'une crise locale, la société concernée dispose théoriquement des moyens de la contrôler, de la réguler. Ces moyens relèvent de la morale et de l'esprit civique, de la loi, ou de l'organisation des marchés : nous les avons examinés au chapitre précédent. Les groupes « victimes » disposent de moyens de pression sur les groupes « responsables » : la manifestation, la campagne de presse, le vote. Telles sont les pollutions locales de l'eau ou de l'air d'une ville par une usine bien identifiée, les « épidémies industrielles » provoquées par une surveillance et une réglementation inadéquates à l'échelle d'un pays (comme l'usage scandaleux de l'amiante en France), les embouteillages et pollutions dus à l'insuffisance d'un système de transport collectif, etc.

À l'autre extrême, l'érosion de la couche d'ozone au-dessus des terres australes, la dérive de l'effet de serre et ses conséquences dramatiques pour les pays riverains de l'océan Indien par exemple, dépendent très largement du modèle économique industriel développé depuis des décennies par les pays développés de l'OCDE (Europe, États-Unis, Japon). Aucun mécanisme démocratique ne permet aux sociétés victimes potentielles de se mettre à l'abri. Seuls une action, puis des accords *diplomatiques* permettront d'imposer aux sociétés responsables d'adopter de nouvelles pratiques... si elles le veulent bien.

Quelle prévention ?

Cette distinction est cependant trop grossière. Une partie des crises locales est par nécessité « transfrontière » : la proximité géographique de la frontière en fait sentir les effets dans la société voisine, ou, tout simplement, le lieu de la pollution est la frontière elle-même (la pollution du Rhin par l'accident d'une usine Bayer en Suisse). Très vite, il a fallu concevoir des modes de régulation diplomatiquement négociés. Le traité sur les pollutions atmosphériques à longue distance (contre les pluies acides) en est un exemple récent, promis à des extensions de plus en plus larges, comme l'indique l'accident « transfrontière » de Tchernobyl. Cet accident (décisif, mais après bien d'autres...) d'une usine nucléaire en Ukraine a laissé peu de traces dans ce pays. Un pays voisin, la Biélorussie, reçut l'essentiel du coup terrible, qui la laissa exsangue pour des dizaines d'années.

Par ailleurs, il y a des types de crises locales tellement *généralisées* qu'elles finissent, à force de s'accumuler, par engendrer un problème global. Ainsi la déforestation, localement dangereuse (en ce qu'elle appauvrit les sols et déclenche des érosions irréversibles), contribue globalement à l'effet de serre. L'industrialisation des agricultures locales aboutit à un effondrement de la biodiversité globale. Dans ces cas-là, la diplomatie internationale peut s'appuyer sur une mobilisation locale pour faire prévaloir l'intérêt général... à condition que les modes de régulation économiques ne déclenchent pas des effets pervers de type « perdant-perdant » (c'est-à-dire où celui qui « fait un effort » se trouve défavorisé par rapport à la concurrence du voisin, et donc tout le monde perd).

C'est ici que la responsabilité des pays développés de l'OCDE, dont fait partie l'Union européenne, est particulièrement engagée. Nous examinerons plus loin ses responsabilités éminentes dans la résolution de la plus grave des crises globales menaçant le XXIe siècle : l'effet de serre. Mais son poids dans les négociations commerciales internationales lui confère déjà des responsabilités particulières, quant à la capacité des sociétés locales à maîtriser leurs propres crises. C'est que les crises écologiques ne se généralisent pas seulement à travers l'atmosphère et les cours d'eau... mais aussi à travers les marchandises. Or, tout l'effort des élites de l'OCDE depuis vingt ans a consisté à priver les sociétés démocratiques qui la composent de la capacité de « domestiquer » le marché, au nom du « libéralisme économique ».

Pourtant, au sortir de la Seconde Guerre mondiale, l'OCDE (Organisation de coopération et de développement économique) admettait fort bien que les États protègent leur économie nationale par des barrières douanières. L'État fordiste était alors considéré comme responsable du développement économique « domestiqué », ses efforts ne devaient pas être trop bousculés par les tempêtes du marché mondial. L'État national ayant fait preuve de son impuissance face à la crise économique des années soixante-dix, largement due à la globalisation de l'économie, on aurait pu penser à une coopération plus poussée de la communauté politique internationale pour domestiquer le marché au niveau où il opérait dorénavant : la planète. C'est le contraire qui fut choisi : laisser le marché se réguler tout seul, affaiblissant d'année en année le pouvoir des États, donc la portée de la démocratie.

Face à l'« horreur économique » qui en résultait, les partisans d'une économie plus sociale et écologique se divisèrent. Les uns (au Nord et au Sud) prônèrent un retour à des économies plus « autocentrées », ce qui impliquait un retour au protectionnisme. Les autres (dont je suis), tout en plaidant pour un renforcement des économies locales, engagèrent le combat pour « domestiquer » à son tour, par des règles, l'économie internationale. Et d'abord, au niveau continental, « pour une Europe sociale et écologiste ».

Mais les deux dernières décennies du siècle virent le triomphe du libéralisme. Les accords de commerce internationaux (le GATT, devenu OMC, Organisation mondiale du commerce) imposèrent de plus en plus la règle du *traitement national du produit* : tout produit, d'où qu'il vienne, devait être traité de la même façon qu'un produit national. Et cela, quelle que soit la manière dont il avait été produit : en faisant ou non travailler des enfants, en respectant ou non des règles de salubrité...

Il y a une frontière que, fort heureusement, le libéralisme économique n'a jamais osé franchir : la frontière sanitaire.

Tous les pays souverains ont obstinément maintenu leur droit de se protéger contre les marchandises dangereuses ou avariées. Ce protectionnisme légitime n'est pas en contradiction avec le principe de l'OMC de « traitement national » : si l'importation d'une marchandise est interdite, c'est que sa production et sa consommation nationale seraient elles-mêmes interdites. Le cloisonnement mondial du marché de la viande par suite de la fièvre aphteuse en est un exemple.

Mais la fièvre aphteuse est un cas de crise « venue de la nature » contre l'élevage. Or les crises écologiques modernes « viennent de la technique ». C'est-à-dire non pas tant du produit que du *procédé de production* de ce produit. Lorsque la crise est ouverte, l'« égoïsme national sacré » redevient légitime, comme on l'a vu au sein de l'Union européenne lors de la crise de la vache folle. Pendant des siècles, les humains avaient appris qu'ils ne risquaient rien à manger des moutons, même malades de la « tremblante du mouton ». Mais, dans les années soixante-dix, les Britanniques commencèrent à nourrir leurs bovins avec des carcasses de moutons, réduites en poudre. Et voilà que, de manière totalement inattendue, les bovins contractèrent, du fait de ce procédé, une variante de la « tremblante », qui, elle, se révéla transmissible à l'homme ! L'Europe, qui avait déjà interdit les veaux engraissés aux hormones, à la fureur des éleveurs américains, ferma aussitôt les portes du continent aux carcasses britanniques issues d'un tel procédé.

Pour éviter de telles crises, s'est récemment imposé le « principe de précaution » : l'obligation pour l'État d'interdire ou de différer la mise en œuvre d'un procédé dont l'innocuité est douteuse. Le doute n'est pas certitude, et le principe de précaution débouche sur des situations de *légitimité contestable*, c'est-à-dire où des productions sont autorisées mais peuvent être finalement rejetées par les populations concernées, par suite des risques qu'elles présentent [1]. Il est dès lors

1. Le concept de « légitimité contestable » a été avancé par Olivier GODARD, « Stratégies industrielles et conventions d'environnement : de l'univers stabilisé aux univers

inutile d'objecter que ces risques sont surestimés. C'est le droit le plus strict, pour une société, d'accepter des folies, comme de fumer ou de mourir à la guerre, et de refuser en même temps un risque minime dans le traitement hormonal ou génétique de son alimentation. Et seule la démocratie peut trancher en la matière, aussi éclairée fût-elle par des expertises contradictoires.

Autrement dit, une société ne doit pas pouvoir imposer à une autre société des produits réalisés selon des procédés de fabrication que cette autre société s'interdirait à elle-même. C'est le principe « Ne fais pas à autrui ce qu'il n'aimerait pas qu'on lui fît ».

L'OCDE adresserait donc un signal fort, pour la prévention au niveau le plus localisé possible des crises écologiques, et pour enrayer la généralisation de ces crises, en engageant, dans les enceintes de régulation internationale du commerce, une campagne pour élargir le principe de « traitement national des produits » en un principe de « traitement national des produits *et procédés de production* ». Ainsi, un pays qui refuse un procédé jugé dangereux pourrait interdire l'importation de marchandises issues de ce procédé. Dans cette bataille, l'Union européenne devra jouer un rôle d'éclaireur !

La question des normes internationales

À cette règle du « Ne fais pas à autrui ce qu'il n'aimerait pas qu'on lui fît » doit naturellement s'ajouter la règle du « Ne fais pas à autrui ce que tu n'aimerais pas qu'on te fît ». Je fais ici allusion aux problèmes de « justice environnementale internationale ». Dans les pays les plus avancés, un siècle et demi de mobilisations citoyennes a imposé des normes sociales et environnementales. Pour les firmes transnationales, la tenta-

controversés », *Environnement-Économie*, Actes du colloque de Paris, *INSEE-Méthodes* n° 39-40, 1996.

tion est forte de s'affranchir de ces normes lorsqu'elles opèrent (produisent ou vendent) dans des pays dits « émergents ». Certes, le laxisme de la législation de ces pays constitue souvent l'« avantage comparatif » qui permet leur industrialisation. Toutefois, il serait difficile de prouver (et ce serait une terrible condamnation pour le modèle économique de l'OCDE !) que ce « décollage » nécessite absolument l'écart de normes actuellement pratiqué. Dès lors que les techniques sont les mêmes, garantissant une productivité comparable, les normes devraient être comparables.

Cette notion de comparabilité devrait être assez flexible. Il ne s'agit pas de fixer à l'échelle du monde une norme de rémunération de l'heure de travail identique, en ignorant les écarts de productivité. Ni dans le domaine social, ni dans le domaine environnemental, une telle uniformité n'est appliquée à l'intérieur de l'Union européenne, ni même entre les régions d'un même pays. Mais il est facile de comparer les législations sociales dans les pays actuellement moins productifs avec les législations sociales obtenues *dans le passé* des pays aujourd'hui les plus productifs. Ainsi, il faut reconnaître qu'au milieu du XXe siècle, bien des pays de l'OCDE toléraient le travail des enfants scolarisés pendant les gros travaux des champs. Mais il serait inacceptable, dans le commerce international, que des pays lanceurs de satellites et disposant d'une industrie informatique (l'Inde...) tolèrent des normes sociales qui étaient déjà dépassées en Europe... avant l'invention du moteur électrique.

En la matière, l'essentiel est l'existence d'un *arbitre supranational neutre* (qui pourrait être le Bureau international du travail et la Commission du développement soutenable auprès du secrétaire général de l'ONU). L'arbitrage ainsi rendu serait ensuite applicable par l'Organisation mondiale du commerce chargée de mettre en œuvre les sanctions commerciales.

On en est loin ! L'OCDE a récemment suscité une mobilisation citoyenne internationale contre un projet, nourri dans le secret de ses conclaves, d'Accord multilatéral sur l'investissement, qui violait outrageusement le premier principe. En effet, une firme multinationale aurait eu le droit de plaider, devant le Tribunal de commerce international, et d'obtenir compensation contre une démocratie décidant d'établir chez elle une meilleure réglementation de protection de l'environnement. Un tel principe de compensation effacerait par exemple systématiquement toute écotaxe future ! Mais beaucoup moins de publicité a été faite au code de déontologie de l'OCDE à l'usage des multinationales, qui illustre fort bien le second principe, en recommandant aux firmes transnationales, lorsqu'elles se délocalisent, de respecter au moins les normes de leur pays d'origine. L'OCDE, comme institution et comme groupe de pays, renforcerait considérablement sa légitimité mondiale en promouvant ce code et en le faisant intégrer au corpus de l'OMC. Autre combat à venir pour une Europe décidée à retrouver un rôle de leader, cette fois pour la bonne cause : domestiquer l'économie internationale, dompter le monstre issu de son ventre, il y a cinq siècles...

Mais le passé pèse lourd. Si les puissances « impériales » de la vieille Europe, de l'Amérique du Nord et du Japon prétendent domestiquer le marché international en imposant de nouveaux règlements (et certes, aucun autre groupe de pays n'est en mesure de le faire à leur place), elles devront d'abord faire oublier leurs abus de pouvoir du passé. Elles avaient imposé le libre-échange pour détruire les économies traditionnelles du tiers monde : toute tentative de réguler le marché mondial paraîtra comme une nouvelle manœuvre contre les économies « émergentes » du tiers monde. La première bataille sera celle de la *légitimité*.

Toute politique écologiste internationale, surtout si elle est portée par les gouvernements du Nord, suscitera la résistance des élites productivistes du Sud, résolues à imiter, avec un siècle de retard, les crimes écologiques anciens des pays développés. Les « Saddam Hussein de l'environnement » ont un argumentaire tout trouvé. Ils plaideront l'exemple donné par les colons européens des derniers siècles ; ils invoqueront la souveraineté nationale pour défendre des procédés de production socialement effrayants et écologiquement catastrophiques ; ils invoqueront le sous-développement de leurs peuples opprimés pour s'assurer le droit de les exploiter sans vergogne.

Face à ces raidissements nationalistes, il faudra se souvenir de la courbe en U de l'adhésion et des résistances aux politiques écologistes. Les « classes moyennes des pays moyens », celles qui rêvent d'imiter les États-Unis de la conquête de l'Ouest, ne seront certes pas des alliées. Mais, derrières elles, les peuples du tiers monde, les indigènes des forêts ou des montagnes, les paysans des grandes exploitations exportatrices, les ouvriers des bidonvilles attendent un soutien des peuples démocratiques pour généraliser au monde entier les normes sociales et environnementales conquises dans les pays du Nord par un siècle de luttes sociales et environnementales.

Le dialogue Nord-Sud, par la base, de syndicats à syndicats, entre organisations non gouvernementales, sera la condition essentielle pour imposer des règles à l'économie mondiale.

6

Les crises écologiques globales : l'effet de serre

Nous allons enfin aborder l'étape la plus avancée du « progrès » en matière de crises écologiques : l'apparition de crises écologiques « globales », frappant tous les points du globe, indépendamment de la société concrète qui en est responsable. Presque ignorées en France jusqu'au début des années quatre-vingt-dix, si ce n'est le cas intermédiaire des pollutions « transfrontières », telles que les pluies acides, elles sont de mieux en mieux couvertes par les médias : surtout le « trou dans la couche d'ozone » et le changement climatique par dérive de l'effet de serre.

J'hésiterai donc, en matière d'introduction, à appuyer encore sur le champignon de l'alarmisme, ou à relativiser au contraire le problème des crises globales, qui servent de plus en plus à masquer les risques immenses que font peser sur les multitudes humaines les simples crises locales. Déjà, lors de la préparation de la conférence de Rio (1992), le représentant de l'UNESCO, Francesco di Castri, s'en agaçait : « Pourquoi se préoccuper de la sauvegarde, contre un risque climatique annoncé pour le milieu du XXIe siècle, d'écosystèmes qui, si nous ne faisons rien, seront détruits avant vingt ans ? » Rappelons-le donc avec force : les crises écologiques aujourd'hui les plus menaçantes sont en effet des crises locales tout à fait classiques. On y retrouve toute la panoplie tragique des crises de l'histoire écologique humaine, décrite au chapitre 3. L'Afrique crève de « crises de rareté », de surpopulation, de déforestation, de surpâturage ; l'Amérique latine, l'Asie, malgré des réformes agraires inachevées, pâtissent encore massivement de crises de redistribution du produit des paysans ; dans le monde entier le prolétariat rural afflue vers des mégapoles aux bidonvilles aussi insalubres que tentaculaires ; l'UNICEF dénonce en Inde des usines d'allumettes exploitant des enfants de trois ans ; des usines chimiques explosent en plein centre des quartiers populaires ; la pollution automobile asphyxie Mexico et Bangkok, et on discute à Kyoto ou Buenos Aires de réduire l'effet de serre en 2050 !

Pis, en France, la menace d'une dérive de l'effet de serre et des climats devient l'argument imparable, l'ultime bouclier des défenseurs de l'industrie nucléaire. Comme si la Biélorussie, assommée par l'accident de Tchernobyl, terrorisée à l'idée de donner naissance à des enfants malformés, avait encore les moyens de se soucier du temps qu'il fera dans cinquante ans !

Alors, convenons qu'on n'a pas le droit de discuter de l'effet de serre sans avoir au préalable médité sur la faim de terres à défricher, au Brésil et au Rwanda, sans avoir lu les témoignages bouleversants recueillis sur le monde de l'« après-Tchernobyl » par Svetlana Alexievitch[1]. Et, une fois bien persuadés que l'alternative à l'effet de serre n'est pas de couvrir le monde de forêts artificielles ou de centrales nucléaires, parlons des crises globales.

Parlons-en, parce que, pour la première fois, l'espèce humaine, merveille de l'univers, affronte en tant qu'espèce, et pas en tant que cités ou nations, ses responsabilités à l'égard de la planète tout entière, et de sa propre survie. Elle le fait dans un cadre qu'elle n'a pas encore construit, qu'il lui faudra construire pour résoudre ce type de crises : quelque chose comme un gouvernement mondial, qu'on espère le plus démocratique possible, le plus humain possible.

---

1. Svetlana ALEXIEVITCH, *La Supplication. Tchernobyl, Chroniques du monde après l'apocalypse*, Jean-Claude Lattès, Paris, 1997.

Les crises écologiques globales mobilisent toutes les sciences humaines du triangle écologique, toutes les sciences physiques ; elles réactivent comme « cas concrets » les débats philosophiques et moraux les plus anciens de l'histoire de la culture : « Suis-je responsable de mon frère ? Mais qui est mon prochain ? » Et de notre réussite ou de notre échec dépendra le sort de nos enfants, et – pour les plus jeunes des lecteurs – le destin de nos propres vies. Chaque année qui passe rapproche les échéances. Le « long terme » n'est pas comme l'horizon, qui s'éloigne au fur et à mesure qu'on s'en approche. Il marche vers nous avec la rigueur du temps qui passe, et les années perdues ne se rattraperont pas. C'est pourquoi une politique écologiste ne peut se payer le luxe d'attendre on ne sait quelle révolution nous sortant « vraiment » du libéralisme et du productivisme. Elle se doit d'être résolument réformiste, c'est-à-dire de réformer résolument, et tout de suite.

Parmi les crises écologiques globales, nous en retiendrons deux, celle de la biodiversité et surtout celle de l'effet de serre. Par contraste avec la crise de la couche d'ozone, dont la cause est bien individualisée (l'usage de certains produits à base de chlore ou de brome, dont l'éradication est déjà programmée), ces deux crises engagent fondamentalement notre mode de développement futur, du côté des fonctions les plus essentielles à la survie de l'espèce : se nourrir, se chauffer, s'éclairer, se mouvoir. Les solutions techniques qui avaient constitué notre « progrès », nous sortant des crises précédentes, se sont retournées contre nous. Encore une fois, il va falloir inventer.

La défense de la biodiversité naturelle

Les premiers accords internationaux, celui de Washington prohibant le commerce international des espèces en danger, et surtout celui de Montréal pour la protection de la couche d'ozone, sont déjà des « cas d'école ». Le scénario est toujours le même :

1. des spécialistes, ayant une vision globale, tirent la sonnette d'alarme sur un phénomène d'abord contesté ;

2. l'opinion publique de quelques pays développés se laisse convaincre, s'alarme ;

3. un consensus, voire un accord international, est obtenu entre pays développés de l'OCDE ;

4. à ce moment, les gouvernements des pays « émergents » du tiers monde se rendent compte qu'il va leur être interdit de faire ce que les pays dominants ont pratiqué depuis plus d'un siècle. Ils protestent, demandent des exceptions, des compensations, même si leurs propres populations sont les premières bénéficiaires de l'accord.

Pour sortir de ce blocage (car les pays émergents disposent d'un pouvoir de blocage, fût-il suicidaire : ignorer l'accord et donc aggraver la crise), il y a trois exigences absolues :

– l'accord proposé par les pays de l'OCDE doit clairement et effectivement répondre à la menace globale, et ces pays doivent assumer largement leur « part du fardeau » ;

– les résultats de l'accord, quant à la sauvegarde de la planète, doivent être non seulement effectifs, mais en outre *popularisés* après des peuples des pays les moins avancés et des pays émergents, et pour cela le rôle des organisations non gouvernementales du Sud est essentiel ;

– l'accord doit comprendre une dimension redistributive, accélérant la transition au développement soutenable dans ces deux groupes de pays.

Prenons l'exemple d'un des accords, rejeté à la conférence de Rio de 1992 par les États-Unis, puis accepté par eux : celui sur la biodiversité. Par biodiversité, on n'entend pas tellement la diversité des gros animaux (protégés par l'accord de Washington), mais la diversité génétique des végétaux et des micro-organismes. Il s'agit de défendre la biodiversité *inconnue*, celle qui n'a encore fait l'objet d'aucune sélection.

La biodiversité génétique inconnue est essentiellement celle des plantes sauvages et des variétés paysannes traditionnelles. Elle joue en quelque sorte le rôle de « réservoir immunitaire » de la planète, par opposition aux variétés archi-sélectionnées de l'agriculture moderne. C'est grâce à elle, grâce à des gènes conservés par des variétés sauvages de l'Amérique centrale, qu'a pu être enrayée une maladie frappant le maïs hybride des États-Unis, au début des années soixante-dix. Elle sert de matière première à l'industrie pharmaceutique et au génie biologique. Cette matière première réside, par sa définition même, essentiellement dans les pays en développement dont l'agriculture n'a pas été « artificialisée » ; à l'inverse, les industries utilisatrices sont dans l'OCDE. C'est la configuration classique des conflits Nord-Sud.

La tendance spontanée du Nord est d'affirmer la gratuité de la biodiversité « naturelle » et qu'au contraire la sélection des gènes utiles doit faire l'objet de brevets. Position inacceptable pour les pays du Sud : pour eux, la recherche scientifique est un patrimoine commun de l'humanité, la richesse biologique appartient à la nation ou à l'État, au même titre que le pétrole du sous-sol. L'accord négocié à Rio a donc prévu que le Nord doit payer des royalties aux pays « sources » de biodiversité, et offrir à des prix avantageux le résultat de ses recherches aux pays du Sud.

Cet accord s'est trouvé battu en brèche par le cadre de l'Organisation mondiale du commerce sur la propriété intellectuelle, et sa mise en œuvre est donc en panne. Depuis, le contrôle privé sur les gènes utiles n'a fait que progresser : les grandes firmes pharmaceutiques exigent de plus en plus que les paysans paient pour tous les types de semences, d'année en année. Les variétés paysannes disparaissent des champs du monde, les désherbants tuent les variétés sauvages [2].

Il y a pis. La biodiversité naturelle ne présente plus aucun danger alimentaire pour l'humanité, qui a sélectionné depuis des centaines de générations les variétés paysannes sans

2. Voir l'excellent petit livre de Catherine AUBERTIN et Franck-Dominique VIVIEN, *Les Enjeux de la biodiversité*, Economica, Paris, 1998.

risque, et ne consomme pas la biodiversité sauvage[3]. Mais l'industrie agro-alimentaire lance massivement sur le marché des organismes génétiquement modifiés, dont l'effet sur les organismes humains et sur les écosystèmes n'a pas même été testé à l'échelle d'une génération. Une telle pratique contrevient au principe de précaution, auquel l'Europe, instruite par l'expérience totalement imprévisible de la maladie de la vache folle, tient tout particulièrement dans le domaine alimentaire. Or les règles actuelles du commerce international ne permettent nullement de « cloisonner » ces risques diversement acceptés, contrevenant ainsi au principe « Ne fais pas à autrui ce qu'il n'aimerait pas qu'on lui fît ».

Ainsi, la dynamique actuelle du progrès technologique non régulé débouche sur une crise grave, au sein de l'OCDE (entre l'Europe et les États-Unis), et entre les pays avancés de l'OCDE et les paysanneries du Sud. Encore ces risques sont-ils pour le moment virtuels, aucun accident grave n'ayant jusqu'ici éclaté sur une variété génétiquement modifiée imposée au monde entier par l'industrie agro-alimentaire. Rappelons encore une fois le précédent de l'encéphalite spongiforme bovine (vache folle), due semble-t-il à la mutation d'un prion, inoffensif pendant des siècles pour l'espèce humaine tant qu'il résidait chez les ovins, et qui franchit la barrière des espèces par suite de nouvelles pratiques de l'industrie de l'élevage. Souhaitons que l'OCDE ait la sagesse de proposer et de s'imposer des règles saines, avant qu'un tel accident ne se reproduise.

Sa responsabilité est pareillement engagée dans une crise globale dont l'imminence est maintenant acquise : celle de l'effet de serre.

---

3. Le défrichement met toutefois l'espèce humaine au contact de « réservoirs » microbiens inconnus, ce qui peut être à l'origine de nouvelles épidémies infectieuses, comme les fièvres hémorragiques

Le cas de l'effet de serre

De toutes les crises écologiques globales menaçant la première moitié du XXIe siècle, le dérèglement des climats par croissance de l'effet de serre est certes le plus grand défi au modèle de développement économique. Car le cœur de l'activité humaine est concerné : l'agro-industrie *via* le cycle du méthane, l'énergie *via* le cycle du gaz carbonique.

Le constat des géophysiciens

Depuis la découverte du Suédois Arrhénius, en 1895, les scientifiques savent que certaines molécules de gaz laissent passer les rayons « chauds » arrivant du Soleil, mais retiennent dans l'atmosphère le rayonnement infrarouge émis par la Terre, qui tend donc à se réchauffer, comme une serre, jusqu'à une température d'équilibre qui dépend de la concentration de ces gaz dans l'atmosphère. C'est le « forçage radiatif » qu'étudient les géophysiciens. Mais c'est seulement à la fin du XXe siècle que la croissance de la concentration de ces gaz, du fait de l'activité humaine, fut rapprochée d'un réchauffement effectif de la planète, d'abord comme une forte présomption, à la conférence de Genève du Groupe intergouvernemental sur l'évolution du climat (GIEC) de 1990, puis comme une quasi-certitude à la conférence du GIEC de 1995 [4].

4. En 1990, le GIEC prévoyait un réchauffement assez rapide au cours du prochain demi-siècle, mais reconnaissait ne pas pouvoir prouver que la légère montée de la température au cours du XXe siècle était due au gaz carbonique d'origine humaine. En 1995, la situation s'est modifiée. D'abord, l'étude du couplage océan-atmosphère a permis de mieux cerner le rôle propre de l'accroissement de l'effet de serre, aboutissant à une quasi-certitude, qui n'est plus contestée par personne (même plus le météorologue Yves Lenoir, qui publiait en 1993, aux Éditions La Découverte, un pamphlet sceptique : *La Vérité sur l'effet de serre*). Par ailleurs, l'analyse au carbone 14 montrait que la hausse du gaz carbonique dans l'atmosphère résultait bien de la combustion du charbon, du pétrole et du gaz.

Mais simultanément, le GIEC montrait que les aérosols projetés dans l'air par les volcans et l'activité humaine refroidissaient l'atmosphère et ralentissaient l'effet de serre, décalant donc vers la fin du XXIe siècle les pronostics les plus alarmistes. (Pour une analyse de l'état des savoirs, voir les *Cahiers de Global Chance*, n° 7, 1996, 41, rue Rouget-de-Lisle, 92150 Suresnes.)

Ces gaz à effet de serre (GES) sont l'eau (dont la contribution au forçage radiatif ne varie plus guère mais peut réserver des surprises), les fréons (régis déjà par la convention de Montréal), et surtout le gaz carbonique (CO_2) et le méthane (CH_4).

Le méthane vient surtout des rizières et des ruminants. Quarante fois plus « opaque » aux infrarouges que le gaz carbonique, il n'a qu'une brève durée de vie dans l'atmosphère, et donc son cas pourra être réglé à tout moment par une action vigoureuse. En revanche, le gaz carbonique rejeté dans l'atmosphère y est pour plus d'un siècle, autant dire pour toujours. C'est pourquoi les différents gaz à effet de serre sont calculés en « équivalent CO_2 »[5].

Le gaz carbonique est essentiellement produit dans la combustion des réserves d'énergie fossile (charbon, pétrole et gaz, par ordre décroissant d'émission de CO_2 par quantité d'énergie produite), et secondairement par la combustion du bois. Encore ce dernier cas peut-il être compensé par une croissance équivalente de la biomasse sur pied, qui fonctionne comme un « puits à carbone ». Mais la déforestation a d'autres raisons : l'exploitation forestière sauvage, le défrichage à but agricole, encore largement pratiqués dans le tiers monde faute de réforme agraire et de « révolution dans la révolution néolithique ». Par ailleurs, l'énergie fossile peut être remplacée par l'énergie nucléaire, mais celle-ci présente des risques écologiques tout aussi graves, qui ont conduit la plupart des grands pays de l'OCDE à en abandonner le développement, de fait (États-Unis, Italie) ou de droit (Allemagne, Suède...).

C'est pourquoi le commissariat général du Plan français, dans son rapport de 1998 *Énergie 2020*, souligne à juste titre que *la croissance économique se trouve enserrée entre trois*

5. En France, on mesure en outre les émissions du CO_2 par la masse des atomes de carbone contenus dans ce gaz ; dans d'autres pays on les mesure par la masse des molécules de CO_2 (3,66 fois plus élevée). Nous suivons ici la convention française

contraintes : le risque climatique, le risque nucléaire, et les conflits pour l'usage des sols.

Face à ce défi, l'humanité dispose de deux atouts. D'une part, l'écosystème planétaire fixe spontanément (dans la végétation, dans l'eau des océans) la moitié environ du carbone humain rejeté dans l'atmosphère. Cette quantité recyclée est le « don » de la nature à l'humanité, qui ne devrait pas être dépassé : l'« enveloppe soutenable ». Cette enveloppe soutenable, rapportée à une population qui se stabiliserait à 9 milliards d'humains au XXIe siècle, autoriserait une émission de quelque 600 kg de carbone par an et par personne. Revenir à cette frontière de soutenabilité (en flux) signifierait : diviser par deux l'actuelle production de gaz à effet de serre. Mais cela permettrait seulement la stabilisation de la concentration du CO_2 dans l'atmosphère (son stock) *au niveau qui sera alors le sien*, et qui correspondra à une température nettement plus élevée qu'aujourd'hui, et non pas le retour à la concentration préindustrielle. Idéalement, pour ramener la concentration de gaz carbonique à un niveau qui stabiliserait la température, il faudrait s'assigner rapidement un objectif de réduction par trois, et non par deux, de la production de GES, et en tout cas réduire le flux aussi vite que possible, pour éviter que la concentration n'atteigne un trop haut niveau avant de diminuer... au XXIIe siècle.

Le second atout est *le renversement de la tendance historique à la baisse de l'efficacité énergétique.* Les premières révolutions agricoles et industrielles, en « allongeant le détour de production » par la bonification des terres et la mécanisation, avaient entraîné une réduction de plus en plus rapide du travail humain par unité de produit. Mais ce fut au prix d'une hausse de la quantité d'énergie utilisée par unité produite[6] !

6. En outre, comme l'a fait observer Georgescu-Roegen, ce n'est pas la même chose d'utiliser l'énergie des bêtes de trait (qui, *via* les végétaux, vient en dernière analyse du Soleil, c'est-à-dire du flux d'énergie gratuit dont bénéficie la Terre), et l'énergie fossile pour faire marcher les tracteurs. Non seulement la modernisation a gaspillé l'énergie, mais elle aggrave l'entropie sur la Terre.

Puis, dans les années soixante, le rapport entre le produit national brut et l'énergie consommée s'est stabilisé dans les pays développés. Les « chocs » pétroliers, pollutaxe involontaire entraînant des économies d'énergie, provoquèrent une inversion inattendue : un « découplage » entre la hausse du produit économique des pays développés et la hausse de leur consommation d'énergie, devenue beaucoup plus faible, voire nulle. L'intensité énergétique (quantité d'énergie dans le produit national) connaîtrait ainsi, avec le progrès technique, une courbe « en V renversé » : d'abord croissante puis décroissante (à un rythme actuel de 1 % ou 2 % en Europe selon le rapport du commissariat du Plan).

Tout l'espoir technique de l'humanité réside dans ce pari : ce résultat est généralisable. *Si, au niveau de la production et surtout des structures de la consommation, elle parvient à obtenir une accélération de l'efficacité de l'énergie aussi spectaculaire que la hausse de la productivité du travail*, alors elle peut espérer généraliser aux générations futures un niveau acceptable de confort matériel, sans dérégler irrémédiablement le climat terrestre. Entre 1950 et 1970, à l'apogée du fordisme, la quantité de travail direct par unité de produit a été divisée par trois en France. Un tel rythme, maintenu sur quarante ans et appliqué à l'efficacité énergétique, permettrait largement de rentrer dans l'enveloppe de CO_2 soutenable, sans recourir à l'énergie nucléaire. Dès les années quatre-vingt, une équipe internationale de chercheurs réunie autour de José Goldemberg avait montré qu'en utilisant toutes les techniques *déjà connues*, on pouvait assurer à 10 milliards d'humains le niveau de vie européen de 1975, sans utiliser l'énergie nucléaire et en limitant à 20 % la hausse de la concentration de CO_2[7].

---

7. Voir José GOLDEMBERG *et al.*, *Énergie pour un monde soutenable*, 1987, traduction française Paris-Québec, ministère de la Coopération-IEPF-ICE, 1990. En fait il ne s'agit que d'un résumé, et apparemment aucun éditeur français n'a voulu se charger de ce véritable bréviaire ! Pour des scénarios plus récents appliqués à la France, voir : LES VERTS, *Le Nucléaire et la lampe à pétrole*, Éd. L'Esprit frappeur, Paris, 1998 (s'appuyant sur les travaux de l'INESTENE).

Les conséquences

Mais, si on laisse faire, les risques sont considérables. Les estimations moyennes actuelles du GIEC prévoient pour le XXIe siècle, au rythme actuel de dégagement de GES d'origine humaine, un doublement de la concentration du CO_2, conduisant à une augmentation de la température moyenne de 2 degrés centigrades (en fait : entre + 1 °C et + 3,5 °C) et une hausse du niveau des mers (par dilatation de surface) de 30 à 90 centimètres.

L'expérience de l'affaire du sang contaminé (où l'on s'est satisfait de croire en 1985 que 5 % seulement des contaminés contracteraient le sida... ce fut 80 % !) montre qu'on a souvent tort de n'anticiper que les « prévisions moyennes ». Le GIEC écarte pour le prochain siècle les scénarios catastrophes : fonte massive des glaces continentales, dégagement du méthane du permafrost sibérien... Ils ne sont pas exclus pour autant. Mais en tout état de cause, les conséquences du scénario moyen (+ 2 °C) sont considérables. Elles déplaceraient les zones climatiques de plusieurs centaines de kilomètres, noieraient les grands deltas surpeuplés et les îles de faible élévation.

Ces modifications géophysiques auraient des conséquences encore plus graves sur les écosystèmes, et capitales sur l'écologie humaine. Les déplacements climatiques seraient sans doute trop rapides pour permettre les déplacements organisés des flores et des faunes qui s'étaient associées. Et surtout, l'hostilité aux migrations de masse internationales interdirait la forme naturelle d'adaptation qu'avait pratiquée l'humanité naissante face aux lents cycles climatiques de sa préhistoire. Quand on songe aux réticences françaises à régulariser 60 000 « sans-papiers » présents sur son sol depuis des années (un millième de sa population !), on imagine les résistances au déplacement d'un milliard de femmes et d'hommes fuyant dans les cinquante prochaines années des terres inondées ou devenues arides.

Cette forme d'« adaptation » sera néanmoins inévitable, si aucune solution préventive n'est trouvée, et elle sera la cause principale des guerres et des crises du XXIe siècle. Mais les stratégies de prévention ont elles-mêmes une dimension géostratégique et économique qui est, et qui restera, au cœur des négociations sur le changement climatique.

Le nœud géostratégique

Que ce soit du côté des coûts d'une stratégie de prévention ou du côté de ses avantages, tous les pays ne sont en effet pas logés à la même enseigne. Pour s'en rendre compte, il faut vraiment passer de la géophysique à l'écologie humaine.

Côté avantages: tous les pays ne sont pas également menacés par l'effet de serre, que ce soit par le biais de la montée des eaux ou de la hausse de la température. L'Europe protège ses deltas (Rhin-Meuse, Pô), le delta du Mississippi est peu peuplé. Tous les grands deltas peuplés et non protégés sont dans des pays les moins avancés (typiquement: le Bangladesh) ou dans des pays émergents. Tous les «petits États insulaires» (regroupés dans l'AOSIS) également. Ces pays comptent, en outre, la plus grande partie de la population rurale, la plus grosse part de l'agriculture dans leur PNB.

Les pays du Sud sont donc les premiers menacés par la dérive de l'effet de serre, leurs populations ont le plus intérêt à une «politique de précaution». Les pays de l'OCDE au contraire semblaient moins menacés, du moins selon les scénarios de 1990. Depuis, l'aggravation des tempêtes en zone tempérée a attiré l'attention des scientifiques... et des assureurs. Les zones tempérées d'Europe et d'Amérique pourraient être de grandes victimes de la «tropicalisation du monde». Si l'on vérifiait un lien entre l'aggravation du phénomène El Niño-La Niña et le réchauffement des eaux de surface du Pacifique déjà constaté (lien qui n'est pas encore établi), alors le «coût» de l'effet de serre pour les États-Unis serait déjà très significatif, et donc l'avantage de l'éviter.

Du côté des coûts d'une politique de prévention, les asymétries sont encore plus frappantes. L'humanité ne peut se passer ni des rizières ni du bétail, ni même de tout défrichement. Les « besoins fondamentaux » imposent une production non compressible de GES anthropiques (c'est-à-dire produits par l'homme), qui tient d'ailleurs dans l'« enveloppe soutenable » de 600 kilos de carbone par personne et par an (actuellement : le Bangladesh n'en produit que 60 kilos !). Les pays les moins avancés n'ont pratiquement pas de marge de réduction, si ce n'est par des réformes agraires et une amélioration de l'efficacité énergétique tirée du bois. Inversement, la pollution industrielle est concentrée très majoritairement dans les pays de l'OCDE, qui de ce fait dépassent tous très largement l'enveloppe soutenable : cinq tonnes de carbone par habitant pour les États-Unis, deux en moyenne pour l'Union européenne et le Japon [8].

On aurait tort de croire toutefois que la géopolitique de l'effet de serre oppose ainsi un Sud ayant intérêt à une politique de prévention qui ne lui coûterait guère, et un Nord avec de discutables avantages à prévenir l'effet de serre et un coût énorme à payer. Cette caricature n'oppose que les États-Unis au Bangladesh ou aux îles Fidji.

D'une part, au Sud, les pays émergents s'approchent de la frontière de soutenabilité, et jugent légitime de la dépasser aussi longtemps que les pays développés qui les ont devancés. D'autre part, au sein même de l'OCDE, de fortes divergences éclatent dès 1990 entre les Européens d'une part, partisans les plus résolus de politiques de précaution, et les États-Unis d'autre part, plus sceptiques, les autres pays oscillant entre ces deux pôles. Cette opposition s'est retrouvée, lors de la préparation de la quatrième « conférence des parties », c'est-à-dire des signataires de la convention climat (COP4), à Buenos Aires, entre l'Union européenne et les autres pays de l'OCDE (le « JUSCANZ » dans le jargon de la COP4 : Japon, USA, Canada, Australie, Nouvelle-Zélande). Les raisons de cette tension sont doubles.

---

8. Voir le rapport du World Resources Institute, Washington, 1990.

Du côté des avantages : l'Europe se sent exposée, sinon à une crise directe due à l'effet de serre, du moins à celle de ses voisins d'Afrique et d'Asie occidentale et centrale. Les pays du JUSCANZ se perçoivent au contraire comme de « grands États insulaires », peu menacés par la montée des mers ou par la pression migratoire, disposant (sauf au Japon) de vastes ressources naturelles, et de grands espaces autorisant l'adaptation de leur agriculture.

Du côté des coûts : l'Europe dispose déjà d'un système technique deux à trois fois plus efficace en énergie comme en GES que les États-Unis. Toute contrainte qui s'imposerait à l'ensemble de l'OCDE la favoriserait. En outre, son modèle de régulation sociale donne une large place aux objectifs de compromis, à l'intérêt général. Au contraire, la foi américaine en la libre entreprise a débouché sur un modèle dévoreur d'énergie, tant au niveau de la production que de la consommation.

L'état de la négociation

La maîtrise du risque climatique sera l'affaire de décennies de conflits et de compromis. Mais une « certaine idée du but final » conditionne toujours les premiers jalons de toute négociation.

En 1990, les États-Unis restaient sceptiques sur la réalité de l'effet de serre, optimistes sur les inconvénients qui en résulteraient pour eux, intraitables dans les efforts qu'ils auraient à consentir. Au mieux, le World Resources Institute suggérait-il un partage du fardeau « en pourcentage », c'est-à-dire en conservant les parts de droits historiquement acquis sur la pollution de l'atmosphère. En quelque sorte, une « enclosure des biens communaux planétaires », favorisant dès le départ les plus riches, et interdisant aux moins bien lotis (c'est-à-dire aux moins pollueurs) d'accroître leur part dans l'avenir.

Cette position était inacceptable pour le tiers monde. Une fronde, lancée par Anil Agarwal et Sunita Narain du Center for Science and Environment de New Delhi, bientôt rejointe par le Groupe des 77 (les pays du tiers monde) et la Conférence des Nations unies pour le Commerce et le Développement, lui opposa le principe d'égalité : chaque pays se verrait allouer un droit de polluer, réparti à partir de l'enveloppe soutenable, et proportionnel à sa population. Mais les théoriciens de cette position, A. Agarwal et M. Grubb de la London School of Economics, proposaient d'emblée un mécanisme de flexibilité : les pays n'épuisant pas leur quota pourraient le revendre à ceux qui le dépasseraient. Une pollutaxe générale s'imposerait à tous les pays dépassant la somme de leurs quotas, alloués ou achetés.

Le traité de New York, signé solennellement à la conférence des Nations unies sur l'environnement et le développement, à Rio (1992), aboutit à un compromis suggéré par l'Europe : seuls les pays dits « de l'annexe 1 » (pratiquement, les pays de l'OCDE et les pays ex-socialistes développés) s'astreindraient d'abord à des efforts de limitation, les autres étant invités à modérer la croissance de leur GES. Selon les lectures, on pouvait comprendre ou refuser de comprendre un objectif de retour pour l'an 2000 au niveau de 1990. Quant aux instruments, l'Europe envisagea de proposer une pollutaxe générale, mais fut incapable de se l'imposer à elle-même. Une décennie fut perdue sans grand résultat. De 1990 à 1996, les émissions mondiales ont progressé de 17 %, celles des États-Unis de 9 %, du Japon de 11 %. Les pays de l'UE ont presque stabilisé les leurs (France : + 1,6 % ; Italie : + 3 % ; Grande-Bretagne : – 0,4 % ; Allemagne : – 8 %). Les pays émergents ont fait des bonds spectaculaires (Chine : + 33 % ; Inde : + 44 % ; Corée : + 75 %). Pourtant la Chine et l'Inde, qui regroupent à elles deux près de la moitié du genre humain, restent bien loin de peser sur le total mondial, qui croît moitié moins vite.

Mais les nouvelles certitudes du GIEC et les accidents climatiques changèrent le « climat »... de la négociation. À la COP3 (Kyoto, 1997), la délégation américaine se laissa convaincre par l'Europe d'accepter des objectifs de réduction quantifiés pour la période centrée autour de 2010, inégalement répartis entre pays de l'annexe 1 selon des critères plus diplomatiques qu'objectifs. Par rapport au point de repère de 1990, et d'ici 2010 en moyenne mobile sur quatre ans, il s'agit de réduire les émissions de six GES d'une quantité équivalente en gaz carbonique de : – 8 % pour l'Union européenne, – 7 % pour les États-Unis, – 6 % pour le Japon, – 5,2 % pour l'annexe 1. La délégation des États-Unis y mit deux conditions : des engagements d'efforts de la part des nouveaux pays industriels du tiers monde, et des mécanismes économiques de flexibilité, tous fondés sur l'idée d'acheter les efforts là où leur coût marginal serait le plus faible : marché de « quotas d'objectif de réduction » (QELRO, selon le sigle anglais) et « mise en œuvre conjointe » entre pays de l'annexe 1, « mécanisme de développement propre » dans le tiers monde.

À l'heure actuelle, l'accord de Kyoto n'est ratifié que par le plus typique des pays de l'AOSIS, les îles Fidji, et la COP4 de Buenos Aires (1998) n'avait d'autre ambition que de préciser ce compromis. Elle n'y est guère parvenue.

Toutefois, des progrès significatifs ont été enregistrés à Buenos Aires. D'abord, il a été décidé de ne préciser les mécanismes de flexibilité qu'une fois définis les mécanismes de vérification de la réalisation des engagements pris *(compliance)* : sage décision qui « remet les bœufs devant la charrue ». Ensuite (et ce point est, on va le voir, essentiel), l'idée a été introduite, par l'alliance de l'Europe et du tiers monde, d'un objectif de *convergence générale* quant aux droits sur l'atmosphère.

Les espoirs d'un compromis mondial

En l'état actuel des choses, la négociation est en situation de « pat » comme on dit au jeu d'échecs. L'Europe ne peut accepter des flexibilités sur des objectifs quantitatifs déjà insuffisants. Les États-Unis n'acceptent pas d'objectifs contraignants si le tiers monde ne prend pas d'engagements. Le tiers monde ne prendra pas d'engagement si un droit au développement égal à celui du Nord lui est dénié.

Le seul fil sur lequel tirer pour dénouer ce blocage est donc *la reconnaissance solennelle, préalable à toute négociation, de l'égalité du droit de tous les êtres humains, de tous les pays et de toutes les générations, sur l'atmosphère.* Une telle déclaration serait conforme aux valeurs qui présidèrent à la création de l'ONU, au sortir de la Seconde Guerre mondiale. Elle implique concrètement qu'à terme tous les habitants de la planète auront un droit sensiblement égal sur l'« enveloppe commune d'usage soutenable de l'atmosphère », soit environ 600 kilos par personne si l'on vise une stabilisation de la concentration du CO_2, moins si l'on vise une décroissance de cette concentration.

Dès lors, un compromis semble accessible entre le tiers monde (y compris les pays émergents) et l'OCDE (y compris les pays du JUSCANZ), fondé sur un *principe de convergence des objectifs nationaux de réduction vers cette allocation-cible finale.* Ce compromis doit tenir compte de l'existence de la courbe « en V renversé » de l'intensité de l'énergie. Alors que les pays développés, dont l'efficacité énergétique s'améliore plus vite qu'ils ne croissent, devraient suivre immédiatement une trajectoire de pollution par tête décroissante vers la cible, les pays émergents auraient le droit de laisser croître leur pollution jusqu'à un niveau légèrement supérieur à la frontière de soutenabilité (mais nettement supérieur à leurs actuelles émissions : on pourrait songer à 800 ou 1 000 kilos par habitant et par an), au-delà duquel des objectifs de réductions quantifiées deviendraient obligatoires.

Ce premier « grand compromis » consiste donc à coupler la reconnaissance d'un niveau-cible égalitaire, et l'entrée obligatoire dans l'annexe 1 pour tous les pays dépassant d'un certain degré ce niveau-cible.

Simultanément, il serait entendu que ce seuil au-delà duquel la « décrue » devient obligatoire servirait en même temps de cible intermédiaire de convergence entre pays de l'annexe 1, à l'horizon 2030 par exemple. Au-delà de cette date et de ce seuil, tous les pays devraient donc réduire en parallèle leurs niveaux d'émission par habitant, à un rythme à fixer vers cette époque, selon le nouvel état des connaissances.

Un tel compromis correspond à l'esprit des « compromis historiques » qui ont marqué cette fin de siècle, comme le conflit irlandais : il s'agit de s'engager aujourd'hui pour des contraintes qui ne seront perceptibles qu'à terme, à un terme où leurs avantages apparaîtront mieux qu'aujourd'hui...

Pour un marché régulé des quotas

Restent à déterminer les instruments de cette politique d'objectifs. Dès l'instant que ces objectifs assignent clairement à l'humanité une trajectoire quantifiée de réduction globale des émissions de GES convergeant vers un droit égalitaire sur l'atmosphère, tous les « mécanismes » économiques facilitant le respect de cette trajectoire deviennent légitimes.

La responsabilisation des usagers, la diffusion des « meilleures pratiques », les accords d'autolimitation des constructeurs, les normes de consommation d'énergie sur les machines et appareils, seront, ici comme dans le cas des crises locales, les plus sûrs moyens de transformer la prise de conscience en pratiques responsables, selon un « civisme planétaire » naissant. Cependant, les normes, les accords et même l'esprit de responsabilité sont insuffisants. Ils fixent des buts intermédiaires sans inciter à les dépasser, et donc laissent une impression décevante quand une nouvelle norme plus contraignante doit être imposée. Par ailleurs ils ne permettent pas de concentrer l'effort là où il est le plus efficace.

Les instruments économiques, au contraire, induisent une course permanente à l'efficacité toujours plus grande. Certes, ils sont impuissants quand ils ne se greffent pas sur des conduites marchandes, par exemple dans le cas de la culture sur brûlis par les peuples indigènes d'Asie du Sud. Mais l'essentiel des pollutions atmosphériques vient de pratiques économiques marchandes visant à la maximisation des profits et des rentes. Tout accroissement des coûts pesant sur l'usage d'un facteur induit alors son auteur à rechercher des techniques pour l'économiser.

Deux traditions s'opposent dans les actuelles négociations : les écotaxes (qu'il vaut mieux appeler pollutaxes) et les permis négociables. Les permis négociables, après avoir été introduits en 1990 dans le débat géostratégique sur l'effet de serre par les représentants du Sud, ont aujourd'hui la préférence des États-Unis, qui les considèrent comme de vrais mécanismes de marché, permettant à la limite de se passer d'agence de type étatique. Les Européens au contraire voient dans l'échange de QELRO (objectifs quantifiés de réduction) un moyen pour les États-Unis d'éviter les efforts domestiques. Pis, des échanges risquent de porter sur de fausses réductions, soit que le « vendeur » ne pratique pas la réduction d'émission convenue, soit que la réduction corresponde plus à l'effet d'une récession économique qu'on espère passagère qu'à une réelle augmentation de l'efficience énergétique. Ainsi, à la conférence de Kyoto, la Russie s'est vu allouer une réduction de GES de 0 % en 2010 par rapport à 1990. Or sa terrible crise économique a déjà fait chuter de 30 % ses émissions de GES. Ces 30 % de QELRO seraient déjà disponibles au plus offrant sur le marché ! Pourtant, ils ne correspondent à aucune mutation de son appareil productif. Pis, des pays du tiers monde endettés seraient tentés d'aliéner leur droit à un développement futur. On assisterait alors à une sorte de « péonage atmosphérique » s'ajoutant au service d'une dette usuraire[9]. D'où la tentation de l'Union européenne d'imposer des plafonds quantitatifs à l'usage des « flexibilités économiques », donnant ainsi la priorité aux efforts domestiques, qui seraient induits par une pollutaxe sur l'énergie[10] et les gaz à effet de serre.

---

9. Le *péon* est un paysan endetté auprès d'un grand propriétaire foncier d'Amérique latine, obligé de travailler toute sa vie pour le rembourser, comme un serf, et léguant sa dette à ses enfants.

10. La Commission européenne propose une pollutaxe combinant la lutte contre les GES et la lutte pour les économies d'énergie, quelle qu'en soit la source afin d'éviter la croissance du risque nucléaire.

Tout en reconnaissant la légitimité des réserves européennes (appuyées par les ONG internationales), il convient d'en nuancer la portée. Encore une fois, dès lors que tous les pays s'inscrivent dans un schéma global de réduction, il n'y a rien de scandaleux à rechercher cette réduction là où elle est la moins coûteuse, surtout si elle s'accompagne d'une augmentation de la productivité du travail. Ainsi, financer des fourneaux efficaces dans le Sahel (que ce soit par l'achat de quotas sahéliens, par des opérations de « mise en œuvre conjointe », ou des mécanismes de « développement propre ») soulage non seulement l'atmosphère, mais la peine des femmes astreintes à une corvée de bois qui dévaste la savane.

En outre, *pour l'acheteur*, le permis négociable n'est qu'une pollutaxe capitalisée. C'est parfaitement clair si l'on ne peut échanger que les permis de pollution pour une année : ils prennent alors exactement la forme d'un impôt annuel proportionné aux émissions réalisées. Encore faut-il que le quota soit effectivement payé. Cette remarque soulève d'ailleurs la question des règles de concurrence sur le marché des quotas : puisqu'un quota n'est qu'une pollutaxe capitalisée, un État qui distribuerait gratuitement des quotas à ses entreprises les subventionnerait en fait, et une telle pratique serait sans nul doute attaquable devant l'Organisation mondiale du commerce.

En réalité, un marché de quotas ne demande pas *moins* d'État, mais *plus* d'État qu'une pollutaxe. Par la pollutaxe, chaque État se contente de fixer une direction et une incitation plus ou moins forte aux réductions d'émissions. Dans le cas de quotas, il faut d'abord qu'un traité d'États international fixe la dotation initiale par pays, la carte des obligations de réduction. Puis une agence superétatique doit surveiller la sincérité des transactions, c'est-à-dire la réduction effective *(compliance)*. Enfin, il faudra sans doute que cette agence régule le prix des quotas, pour éviter qu'un acheteur disposant de crédit illimité n'accapare le marché et se dispense de réduction domestique, ou qu'un vendeur endetté aliène sa capacité de développement futur. Car le prix du quota, comme tout mécanisme de marché, n'a qu'une double justification :

– offrir un signal prix et à l'acheteur et au vendeur, « valorisant » de part et d'autre l'effort d'économies sur l'objet de la transaction. Ici : l'intérêt qu'il y a à diminuer la pollution atmosphérique, quel que soit le niveau de développement déjà acquis ;

– transférer de l'acheteur au vendeur les moyens financiers de produire à nouveau l'objet de la transaction. Ici : un pays plus développé et plus polluant finance le « développement propre » d'un pays moins développé.

En somme, *l'Agence internationale de supervision du marché des permis devra fixer un prix plancher des transactions*, selon une pratique largement admise dans les trois pôles économiques dominant la planète (États-Unis, UE, Japon) dès lors qu'il s'agit d'agriculture. Le lecteur méditera les raisons profondes de cette similitude...

Mais alors s'efface la différence entre les exigences européennes et les préférences américaines. Car un prix plancher n'est que le « dual » d'une quantité plafond : fixer l'un, c'est fixer l'autre. L'Agence pourrait ainsi fixer, pour la « campagne » quadriennale 2008-2012, un prix plancher tel que 80 % des efforts de réduction dans l'espace domestique des pays déjà intégrés à l'annexe 1 soient moins coûteux que ce prix-là [11]. Dès lors, les pays les plus « gaspilleurs », ceux où le coût marginal de la tonne de carbone évitée est le moins coûteux, concentreront leurs efforts sur l'amélioration des techniques domestiques. Par exemple, les États-Unis, en reprenant l'habitude de sécher leur linge au soleil, feraient déjà des économies considérables ! Les 20 % d'efforts de réduction les plus coûteux, concernant surtout les pays déjà parvenus aux frontières technologiques du développement propre, pourront être recherchés dans les

11. La Commission de l'Union européenne envisageait en 1991 une pollutaxe de 10 dollars par baril d'équivalent pétrole (environ 36 centimes de FF par litre d'essence), qu'elle considérait comme suffisante pour tenir les engagements de Rio. Admettons que 15 euros par baril soient nécessaires en Europe pour tenir les engagements de Kyoto. C'est un prix plafond pour les QELRO, le prix plancher pourrait donc être en 2010 de l'ordre de 10 euros par Bep (1 baril = 159 litres).

pays ne disposant pas de ces techniques : moyen pour ceux-ci de les acquérir et de les mettre en œuvre, aux frais des pays développés.

L'ébauche d'un nouveau modèle?

À la conférence de Kyoto, l'humanité a choisi de privilégier des objectifs de réduction de gaz à effet de serre, quantifiés par pays ou groupes de pays (l'UE). Cette stratégie principale ne peut plus être modifiée. Il reste à la perfectionner :

– en l'inscrivant dans une perspective à très long terme de convergence sur l'allocation des permis de polluer, respectant l'égalité des droits de tous les êtres humains de génération en génération ;

– en réservant à la subsidiarité nationale ou continentale le choix des instruments (règlements, pollutaxes ou marchés de permis) ;

– en fixant des règles de juste concurrence internationale par-delà la diversité des instruments nationaux ;

– en stabilisant les rapports de prix dans les mécanismes de flexibilité nationaux et internationaux.

Au-delà de cet exemple, les lignes de forces de la Nouvelle Grande Transformation se dessinent :

– un nouveau « civisme planétaire » reconnaît le droit égal de tous les humains de toutes les générations à un environnement sain ;

– des arrangements diplomatiques internationaux fixent des règles communes (contre les crises écologiques globales) et encadrent, par des règles sur le libre-échange, les effets pervers de la concurrence, de façon à autoriser les sociétés nationales (ou continentales) à maîtriser leurs crises locales.

Ces modes de régulation nouveaux (règlements, pollutaxes, quotas) relèvent le coût d'usage de l'environnement de manière à favoriser les technologies qui économisent cet usage :

– poussée par l'intérêt économique des firmes, incitée par des aides, encouragée par la mise en commun des meilleures pratiques, la recherche appliquée s'oriente vers les économies de pollution et d'usage de l'énergie. Un nouveau « boom » de l'investissement ajuste les systèmes productifs et les infrastructures aux techniques les plus favorables à l'environnement ;

– le revenu des pollutaxes et des mises aux enchères de quotas permet de réduire la fiscalité pesant sur le coût du travail, permettant une « désintensification » de l'usage de ce facteur. La réduction de la durée du travail, le développement des services culturels ou de proximité à faibles gains de productivité du travail, enclenchent alors un retour vers le plein emploi.

Ainsi cadrés par des normes conformes à une éthique des droits humains et de la responsabilité à l'égard des générations futures, les instruments économiques peuvent orienter la trajectoire du progrès technologique selon un nouveau modèle : la recherche de l'efficience énergétique et environnementale maximale. Dès lors, se dessine la possibilité d'une nouvelle période de développement prolongé, écologiquement viable au niveau mondial : le développement soutenable.

Ce schéma est bien le modèle que je souhaite pour une Union européenne qui deviendrait enfin capable de définir sa propre politique économique. Il faudra pour cela que les pouvoirs démocratiquement élus en Europe (gouvernements et Parlement européen) reprennent le pouvoir sur la monnaie (car financer en quelques années un dense réseau de transports en commun pour économiser l'effet de serre supposera une émission massive de crédits). Il faudra qu'ils puissent s'accorder, à la majorité du Parlement européen, pour un système d'écotaxe.

Mais je le dis tout aussi nettement : seule l'Europe peut faire mûrir un « leadership mondial » pour entraîner le Sud à un tel compromis, et isoler les irréductibles (États-Unis ? Malaisie ?). Cela impliquera une immense attention à l'égard des peuples du Sud, les « plus démunis », pierre de touche du critère de justice minimal qui définit le développement soutenable.

Vers une nouvelle alliance Nord-Sud pour l'environnement

Les peuples du Sud font face à une double crise de l'environnement.

Une crise locale, d'abord. C'est-à-dire une crise provoquée par la société locale elle-même, engendrée par la rupture de ses propres traditions culturelles, à la suite de la colonisation européenne ou ottomane, à la suite de l'adoption des modèles inappropriés dans la période postcoloniale. Même si la société n'est donc pas totalement responsable de ce qu'elle fait, de ses choix d'un modèle agricole, d'un modèle industriel, d'un modèle d'urbanisation, d'un modèle de consommation, au moins les causes d'une crise locale restent pour ainsi dire « à portée de la main ». Car c'est alors *ce que fait* la société du Sud qui provoque la crise écologique dont elle subit les conséquences.

L'insalubrité des quartiers populaires, ou la déforestation des collines du Sahel, qui accélèrent l'érosion ou la progression du désert, ou encore l'accumulation au Caire d'une population dont l'alimentation en eau par le Nil n'est pas garantie : autant d'exemples de crises écologiques locales. Il est vain de se cacher la responsabilité de la génération présente des élites du tiers monde, au nom des responsabilités antérieures et continuées du colonialisme. Et plus les causes des crises sont identifiables dans la société locale elle-même, plus grand est l'espoir de pouvoir agir localement pour éviter la crise, pour sortir de la crise. Ainsi, par exemple, l'explosion démographique aggrave les crises écologiques, mais une société a les moyens de ralentir l'explosion démographique, par l'éducation des filles et l'émancipation des femmes.

Ce que les peuples du Sud demandent au Nord, ce n'est pas, comme certains ont voulu le faire croire, au Nord comme au Sud, de les laisser détruire leur environnement à leur guise au nom du développement. Car, dans les pays du Sud, où les conditions de développement dépendent crucialement de l'état de l'environnement, la grande majorité, la plus pauvre, des hommes et des femmes sait très bien qu'elle sera, qu'elle est déjà la principale victime des crises écologiques. Pour les paysans du Sahel qui luttent désespérément contre la progression des dunes, pour la mère de famille d'un bidonville en quête d'eau non polluée pour sa famille, il n'y a pas de contradiction, il y a même identité entre développement et amélioration de l'environnement. Il existe une marge de choix entre déforestation et réforme agraire, entre dépenses militaires et dépenses pour les services publics, et cette marge, elle est, fondamentalement, entre les mains de la société locale.

Ce que les peuples du Sud demandent au Nord, c'est de les aider dans la voie du développement soutenable, en leur ouvrant l'accès aux technologies les plus propres, en cessant de subventionner dans les pays du Sud les projets les plus dangereux, en cessant de chercher à séduire ou à corrompre les décideurs du Sud pour les inciter à choisir les modèles de développement les plus dangereux.

C'est très probablement dans une démarche partenariale, en associant les organisations non gouvernementales du Nord et du Sud, que l'on parviendra le plus valablement à mobiliser au Sud les forces de la société civile, en particulier les femmes. Car ce sont les femmes qui, au quotidien, vivent le plus directement les « dégâts du progrès sur l'environnement », ce sont parfois aussi les femmes qui, faute de moyens techniques et de connaissances, contribuent sans le vouloir à la dégradation de leur propre environnement, ne serait-ce que par leur course désespérée au bois de feu.

Mais les sociétés du Sud vont être, beaucoup plus gravement que les sociétés du Nord, frappées par les crises écologiques globales, planétaires. Et je pense tout particulièrement aux transformations des climats et à la montée des eaux dues à la dérive de l'effet de serre. Quelle que soit l'incertitude résiduelle sur les conséquences géophysiques précises d'une hausse de deux degrés de la température moyenne, nous avons au moins une certitude : ce sont les systèmes écologiques agraires ou urbains du Sud qui sont les plus exposés. C'est l'aggravation des pluies torrentielles dans les zones tropicales ou méditerranéennes, c'est l'aggravation des sécheresses dans les zones sahélienne ou soudanaise. Les pays qui dépendent le plus de leur agriculture, où la population rurale est la plus importante, où la seule alternative au village est le bidonville, seront les plus touchés. Il en est de même pour la montée du niveau des mers : ce sont les grands deltas surpeuplés du Sud qui seront noyés sans protection possible, alors que les pays du Nord ont les moyens de protéger Venise ou la Hollande.

Et la grande différence avec les crises écologiques locales, c'est que les pays du Sud ne peuvent rien contre les catastrophes qui s'annoncent, car l'essentiel du gaz à effet de serre est produit au Nord.

Il est tout à fait inacceptable de dire aux pays du Sud : « Mais, avec l'accroissement de votre population, avec l'industrialisation, vous produirez bientôt plus de gaz carbonique que nous. » C'est vrai, mais ce n'est là qu'un effet statistique : les populations riches du Nord sont beaucoup moins nombreuses que les populations pauvres du Sud.

Comment peut-on recommander aux pays du Sud de ne pas s'industrialiser quand un habitant du Bangladesh produit quatre-vingts fois moins d'équivalent-gaz carbonique qu'un habitant des États-Unis ? Comment ose-t-on dire à la femme nigérienne que ses enfants menacent nos climats, alors qu'un enfant du Niger consomme une part des richesses mondiales cent cinquante fois plus faible qu'un enfant des États-Unis ? Oui, l'excès de pression démographique peut être un danger pour un écosystème local, oui, les femmes du tiers monde ont elles aussi le droit de disposer de leur corps, et cela justifie le contrôle des naissances. Mais, en matière de climat, le facteur démographique est dérisoire au regard du facteur « consommation par habitant ». Ici, les peuples du Sud ne pourront que dire au Nord : « Nous sommes prêts, dans l'intérêt des générations futures, à choisir avec discernement nos techniques de production d'énergie, mais le Nord aura à porter l'essentiel du poids de l'ajustement structurel à la crise des climats. »

La seule solution équitable doit partir du principe d'égalité de tous les êtres humains dans le droit à l'accès à ce patrimoine commun de l'humanité qu'est l'atmosphère. Un tel compromis ne s'établira pas sans conflit. Mais c'est aussi l'occasion d'une coopération approfondie entre Nord et Sud. On peut concevoir que le Sud revende au Nord ses droits en excès, ce qui valorisera les économies d'énergie même au Sud. On peut même envisager une « mise en œuvre conjointe » de la chasse aux gaspillages d'énergie, dans les pays du Sud, là où l'efficacité des économies est la plus grande. Dès lors, la coopération contre les crises locales peut rejoindre la coopération contre les crises globales.

Prenons en effet l'exemple, popularisé par le rapport Goldemberg, *Énergie pour un monde soutenable,* de la femme tanzanienne, qui « utilise trente fois plus d'énergie pour la cuisson que la femme japonaise », à cause de son foyer rudimentaire. Ce faisant, la femme tanzanienne, comme toutes les femmes du Sahel, ne contribue pas seulement, et bien inutilement, à l'effet de serre. En marchant plusieurs heures par jour pour glaner du bois, elle ruine sa santé et son propre environnement local. José Goldemberg recommande un plan mondial pour équiper 400 millions de familles du tiers monde en fourneaux trois fois plus efficaces. Ce n'est pas seulement une question d'argent. Cela peut être l'occasion d'échanges vivants entre ONG de femmes du Nord et du Sud, pour s'enseigner mutuellement des techniques à la fois économiques et originales.

La lutte conjointe pour sauver notre futur commun n'est pas seulement une question de solidarité financière. C'est d'abord une question de connaissance, de fraternité entre les peuples et les cultures.

Table

Composition : D.V. Arts Graphiques à Chartres
Achevé d'imprimer en mars 1999
par **Bussière Camedan Imprimeries**
à Saint-Amand-Montrond (Cher)
Dépôt légal : mars 1999
N° d'impression : 991293/1